L'Hermaphrodite

DE

PANORMITA

SCIENTIA DUCE

PARIS

ISIDORE LISEUX, ÉDITEUR

25, Rue Bonaparte

1892

L'HERMAPHRODITE

DE

PANORMITA

ÉDITION UNIQUE

à cent dix exemplaires numérotés

N° 110

L'Hermaphrodite

DE

PANORMITA

(xvᵉ siècle)

Traduit pour la première fois

Avec le texte Latin

et un choix des Notes de Forberg

SCIENTIA. DUCE

PARIS

ISIDORE LISEUX, ÉDITEUR

Rue Bonaparte, nᵒ 25

1892

AVERTISSEMENT

'HERMAPHRODITE d'Antonio Beccadelli, surnommé *Panormita* ou le Palermitain, est un célèbre recueil d'épigrammes Latines, dans le goût de Martial et des *Priapées*. Il est dédié à Cosme de Médicis, le grand Cosme l'Ancien, pour lequel un assez grand nombre des pièces qui le composent furent spécialement écrites, et qui semble avoir eu une préférence toute particulière pour ce genre de poésies. Cela donne au livre d'Antonio Beccadelli un caractère de document en quelque sorte historique; voilà ce qui, dans les premières années du XVᵉ siècle, faisait les délices d'un prince lettré, ce que le « Père de la patrie » aimait à lire dans son cabinet d'étude, et communiquait, après boire, aux artistes et aux savants de son entourage.

Il n'était pas seul à aimer ces petits poëmes
Priapiques, d'une ingéniosité assez rare pour l'é-
poque. Quand l'auteur, après avoir tardé de longues
années, rendit publique cette œuvre de sa jeunesse,
il ne reçut d'abord que des éloges. On le couvrit
de fleurs. Pogge le félicita d'avoir réveillé de leur
sommeil les Muses Latines trop longtemps endor-
mies ; Pontanus, le poëte lauréat, l'appela le maître
des élégances et le père des Grâces ; Guarino, de
Vérone, l'un des principaux promoteurs de la
renaissance des Lettres en Europe, déclara qu'il
n'avait jamais lu de vers d'un tour si libre, d'une
si suave harmonie, ce qui était excessif, car Panor-
mita commet insciemment de nombreux solécismes
et ne recule jamais devant un barbarisme quand il
en a besoin pour la mesure. Puis, après les compli-
ments, vinrent les déboires : c'est le revers de la
médaille. Le Concile de Constance condamna
l'*Hermaphrodite*, et deux prédicateurs populaires,
des Cordeliers furibonds, Bernardino de Sienne et
Roberto de Lecce, dénoncèrent à l'exécration de la
plèbe ignorante l'ouvrage et son auteur ; ils brû-
lèrent en grande cérémonie, sur les places publiques
de Ferrare, de Bologne et de Milan, tous les exem-
plaires qu'ils purent trouver de ces abominables
Épigrammes. Laurent Valla, dans une ses *Invec-
tives*, disait que brûler le livre c'était bien, en
attendant qu'on brulât l'auteur. Philelphe également
s'indigna, au nom de la morale.

.. Le résultat de ces autodafés et de ces diatribes
fut que l'*Hermaphrodite* resta enfoui dans la pous-
sière des bibliothèques, sans que personne songeât
à l'imprimer, et que les manuscrits eux-mêmes
devinrent rares, au point que La Monnoye et Bayle,
qui tous deux ont dit quelques mots de Panormita,
l'un dans le tome IV du *Menagiana*, l'autre dans
son *Dictionnaire historique*, n'ont parlé de son recueil
de vers que d'après les témoignages anciens, les
lettres de Pogge et de Guarino, les Notes d'un com-
mentateur anonyme de Sannazar. Les Cordeliers
n'avaient cependant pas tout brûlé. En 1791,
Mercier de Saint-Léger fit, sans y mettre son nom,
d'après un manuscrit de la Bibliothèque Royale de
Paris, la première édition imprimée que l'on ait de
l'*Hermaphrodite* (1); Forberg en donna une seconde
en 1824, d'après un manuscrit moins défectueux
de la bibliothèque de Meuselbourg, et dont, avec
sa science de Latiniste consommé, il sut considé-
rablement améliorer les leçons. C'est ce manuscrit
qui servit de texte, ou plutôt de prétexte, à ses
Apophoreta, commentaires d'une si ingénieuse

---

(1) *Quinque illustrium poetarum, Ant. Panormitæ, Ra-
musii Ariminensis, Pacifici Maximi Asculani, Jo. Jo-
viani Pontani, Jo. Secundi Hagiensis, Lusus in Venerem,
partim ex codicibus manu scriptis nunc primum editi.
Parisiis, prostat ad Pistrinum, in Vico suavi* (à Paris,
chez Molini, rue Mignon), MDCCXCI, in-8.

érudition, qu'il imprima à la suite de l'*Hermaphro-dite* et que nous avons traduits sous le titre de *Manuel d'Érotologie classique* (Paris, Isidore Liseux, 1882, 2 vol. petit in-8). L'édition de Forberg est actuellement aussi difficile à trouver que celle de Mercier de Saint-Léger : l'idée nous est donc venue de réimprimer, à notre tour, le recueil de Panormita et de le traduire, pour les curieux de littéra-rature ancienne, pour les amateurs qui ont fait si bon accueil au *Manuel d'Érotologie*. Dans cette réimpression, nous avons suivi Forberg, qui a donné le texte le plus complet et le mieux épuré, mais nous avons fait un choix parmi ses Notes, la plupart ayant trait aux variantes des divers manu-scrits, ce qui aurait médiocrement intéressé nos Lecteurs ; nous n'avons gardé que celles qui expliquent ou commentent les passages obscurs de l'*Hermaphrodite* et qui ne figurent pas dans le *Manuel d'Érotologie*.

En terminant, donnons quelques renseignements biographiques sur l'auteur. Antonio Beccadelli, d'une famille noble de Bologne, naquit à Palerme en 1393. Il eut pour protecteur, dans sa jeunesse, Cosme de Médicis et Philippe-Marie Visconti, duc de Milan, dont il fut le lecteur ; dans son âge mûr, l'empereur Sigismond, qui lui décerna la couronne de poète-lauréat, Alphonse V d'Aragon, roi des

Deux-Siciles, qui le fit chef de ses secrétaires et dont il écrivit les hauts faits *(De Dictis et Factis Alphonsi regis utriusque Siciliæ et Aragoniæ libri IV),* Nicolas V enfin, qui le pourvut de riches abbayes en Sicile. Jovianus Pontanus, dans son *Traité de la Libéralité,* mentionne une récompense de mille écus d'or que Panormita reçut de la munificence d'Alphonse d'Aragon, et il a consacré à la personnalité de l'historien-poète, qui fut son maître et son ami, un de ses Dialogues, *Antonius.* On a imprimé de lui : *Epistolarum libri V,* recueil qui contient, en outre, ses *Carmina* et *Orationes II ad Ligures et ad Alphonsum regem* (Venise, 1553, in-4°). Deux autres de ses discours, *Ad Caetanos et Venetos, de Pace,* se trouvent dans le grand ouvrage de Bart. Fazio, *De rebus gestis Alphonsi* (Lyon, 1560); d'autres *Lettres* d'Antonio Beccadelli ont été reproduites dans l'ouvrage intitulé *Regis Ferdinandi et aliorum Epistolæ ac Orationes* (1586, in-8°), et Freher a recueilli dans le tome III de ses *Scriptores Germaniæ* le discours qu'il prononça à Rome, en 1452, pour le couronnement de l'empereur Frédéric III. Son *Hermaphrodite* est, en somme, ce qui lui vaut d'être aujourd'hui un peu connu.

Il ne fut pas brûlé, comme le souhaitait méchamment Laurent Valla ; il mourut, au contraire, plein de jours, chargé d'honneurs (1); et, comme il ne

(1) En 1471.

craignait pas plus le feu de l'Enfer que celui du bûcher, avant de quitter ce monde il se fit à lui-même une belle épitaphe Latine où il se flattait d'entrer tout droit en Paradis :

Quœrite, Pierides, alium qui ploret Amores,
  Quœrite qui regum fortia facta canat.
Me Pater ille ingens, hominum sator atque redemptor,
  Evocat, et sedes donat adire pias.

Cherchez-en un autre, ô Piérides, qui pleure les Amours,
Cherchez-en un autre qui chante les hauts faits des rois.
Le Père tout-puissant, créateur et rédempteur des hommes,
M'appelle, et m'octroie d'entrer dans le pieux séjour.

Paris, Octobre 1892.

TESTIMONIA

DE

HERMAPHRODITO

I. POGGII FLORENTINI.

In epistola ad Antonium Panormitam, Epistolis Panormitæ Venetiis 1553 editis fol. 79 inserta.

Poggius *plurimam salutem dicit Antonio Panormitæ Siculo. Joannes Lamola adolescens, ut percepi, cum doctus, tum studiosus tui, attulit ad nos libellum epigrammatum tuorum, quem inscribis* Hermaphroditum, *opus et jocosum et plenum voluptate. Hunc cum legisset primo vir clarissimus Antonius Luscus, multisque verbis collaudasset et ingenium et facilitatem dicendi tuam, nam liber est suavissimus, misit deinde illum ad me legendum. Delectatus sum mehercle varietate rerum et elegantia versuum, simulque admiratus sum, res adeo impudicas, adeo ineptas, tam venuste, tam composite a te dici, atque ita multa exprimi turpiuscula, ut non enar-*

rari, sed agi videantur, neque ficta jocandi causa, ut existimo, sed acta existimari possint. Laudo igitur doctrinam tuam, jucunditatem carminis, jocos, sales, tibique gratias ago pro portiuncula mea; qui Latinas musas, quæ jam diu nimium dormierant, a somno excitas. Pro caritate tamen, qua omnibus debitores sumus, unum est, quod te monere et debeo et volo, ut scilicet deinceps graviora quædam mediteris. Hæc enim, quæ adhuc edidisti, vel ætati concedi possunt, vel licentiæ jocandi. Ita et Virgilius adolescens lusit in Priapeia, *et multi præterea, qui post lascivos versus severioribus vacaverunt. Ut enim Terentius noster refert, hæc ætas aliam vitam, alios mores postulat. Itaque tuum est, jam missam facere lasciviam, et res serias describere, ne arguatur vita impura libelli obscenitate. Scis enim, non licere idem nobis, qui Christiani sumus, quod olim poetis, qui Deum ignorabant. Sed fortasse sus Minervam. Tu ipse hoc idem sentis, quod laudo proboque, et te ad majora hortor. Hæc bono animo accipias rogo, ego enim tuus sum. Tu Poggium adscribe tuis. Plura scripsissem, si per otium licuisset, et me, quando id mutuum fieri intelliges, ama. Romæ, III. Non. Apriles, manu festina.*

II. GUARINI VERONENSIS.

In epistola ad Joannem Lamolam, quam Herma-
phrodito *præfixam ex codice manuscripto biblio-
thecæ Riccardianæ edidit Lamius in Catalogo
codicum manuscriptorum illius bibliothecæ
p. 37.*

GUARINUS *Veronensis suavissimo Johanni Lamolæ
S. P. D. Posteaquam litteras ad te descripseram, tuæ et
graves et ornatæ redditæ mihi sunt, quæ eo accumula-
tiores venerunt, quo etiam comitem habuerunt libellum
vere* Ἑρμαφρόδιτον. *Adeo prudenter et polite conscriptus
est, ut sane Mercurio juncta venustas videatur, quod et
ipsum Græce sapit vocabulum. Mirari profecto licet sua-
vissimam carminis harmoniam, dicendi facilitatem, ine-
laborata verba et inoffensum compositionis cursum. Nec
idcirco minus carmen ipsum probarim et ingenium, quia
jocos, lasciviam et petulcum aliquid sapiat. An ideo
minus laudabis Apellem, Fabium ceterosque pictores
quia nudas et apertas pinxerint in corpore particulas,
natura latere volentes? Quid si vermes, angues, mures,
scorpiones, ranas, muscas fastidiosasque bestiolas ex-
presserint, num ipsam admiraberis et extolles artem
artificisque solertiam? Ego medius fidius hominem probo,
ingenium miror, et ludente delector, flente rideo, lupa-
nari medio scortantem laudo versum. Plus valet apud
me conterranei mei, vatis non inlepidi, auctoritas, quam
imperitorum clamor, quos nil nisi lacrymæ, jejunia,
psalmi delectare potest, immemores, quod aliud in vita,*

b

*aliud in oratione spectari convenit. Ut autem ad meum
conterraneum revertar, ille hunc in modum ait :*

> *Nam castum esse decet pium poetam
> Ipsum, versiculos nihil necesse est,
> Qui tum denique habent salem ac leporem,
> Si sint molliculi ac parum pudici,
> Et quod pruriat incitare possint.*

*A qua quidem sententia et noster Hieronymus non
abhorret, homo castimonia et integritate præditus in-
primis, qui quum in meretricis sermonem incidisset,
quantam lascivienti ac vere scortanti calamo permisit
licentiam!* « *Quo cum recedentibus cunctis meretrix
speciosa venisset, cœpit delicatis stringere colla com-
plexibus, et quod dictu quoque scelus est, manibus attrec-
tare virilia, ut corpore in libidinem concitato se victrix
impudica superjaceret.* » *Quis leno impudens flagitio
magis linguam involveret? Habeo mille et quidem locu-
pletissimos testes, graves, continentes et Christianos
homines, qui spurcissimo uti sermone nihil expaverunt,
quum res postulabat. Sed in re certa supervacuum est,
testes citare minime necessarios. Laudo igitur non
modo ἐποποιόν, sed et poetam nostrum. Ita enim appel-
lare velim :*

> *Musarum decus, Antoni, per sæcula salve.
> Theocriton, antiquum Siculæ telluris alumnum,
> Effingis, prisca revocans dulcedine vatem.
> Sicilides Latio per te dabit Ætna Camenas.*

*Vale, mi Johannes, et literarum mearum λακωνισμῷ
da veniam, haud enim me sinunt occupationes μακρολογεῖν.
Quid nostri sentiant de hominis ingenio faxo sentias,
quum eos in voluptatis partem vocaro. Vale iterum.
Veronæ, IV. Nonas Februarias.*

III. PETRI BÆLII.

In Lexico historico-critico ad nomen Panormitæ.

Son poème Latin intitulé *Hermaphroditus* n'a point vu
le jour. C'est une pièce si remplie de saletés, que Pogge
même la désapprouva. Il fut dédié à Cosme de Médicis,
qui en fit faire plusieurs copies, dont quelques-unes sont
encore dans la Bibliothèque de Saint-Laurent. La raison
pourquoi on le dédia à ce grand homme fut parce que,
sans s'arrêter au jugement du vulgaire, il se plaisoit à la
lecture de cet ouvrage lascif. L'auteur fait lui-même cette
remarque, car voici son début : *Hermaphroditi libellus
incipit ad Cosmum Florentinum ex illustri progenie Medi-
corum, virum clarissimum, quod spreto vulgo libellum æquo
animo legat, quamvis lascivium, et secum una priscos viros
imitetur.* M. Magliabecchi a un exemplaire manuscrit de
ce poème. On écrivit en ce temps-là beaucoup de lettres
touchant cette poésie. Guarin de Vérone en écrivit une
à Jean Lamola où il donne de grands éloges à l'*Herma-
phrodite* et à son auteur. M. Magliabecchi a le manuscrit
de cette lettre. Le Gyraldi trouve fort étrange que ce
poème ait été loué : « *Legi,* » dit-il, « *ejus ætatis quorun-
dam epistolas, quibus* Hermaphroditus *illius multis laudibus
commendatur, sed quare nescio. Dicam ego vobis sane quid
sentio. Nec is mihi poeta bonus, nec bonus orator; quæ enim
soluto et pedestri sermone ejus scripta legi, luxuriantis magis
quam bonæ frugis referta videntur, ut impudicas et prosti-
tutas ejus musas mittam.* » Vous voyez que non seulement

il déteste l'impureté de cette pièce, mais qu'il en méprise
aussi les vers. Pogge n'avoit point donné cette étendue à
sa critique; il avoit loué les inventions, le sel et les orne-
ments de l'ouvrage, mais il en avoit condamné les obscé-
nités et il avoit conseillé à l'auteur de travailler désor-
mais à des sujets plus convenables à un Chrétien. Panor-
mita répondit à Pogge et lui allégua bien des raisons,
ou pour se justifier ou pour s'excuser. Pogge lui répliqua
et lui soutint qu'il faut pratiquer l'honnêteté non seule-
ment dans les actions, mais aussi dans ce qu'on écrit,
d'où l'on peut conclure qu'il se repentoit d'avoir employé
sa plume à des productions lascives pendant sa jeunesse.
Finissons par les paroles d'un écrivain Hollandois qui a
lu ce sale poème de Panormita : « *De* Hermaphrodito
*quod dicit (Gyraldus), non est de nihilo. Ego enim legi manu
descriptum, neque enim unquam est typis excusus, adeo spur-
cum, adeo abominabilem, ut nihil supra. Versus deinde ipsi
vix sunt tolerabiles, tantum abest ut laudem aliquam merean-
tur. Inscribitur autem* Hermaphroditus *eo quod utriusque
sexus membra genitalia utriusque libelli omnem materiam
faciant. Hæc qui patienter legit, nec illum oportet esse homi-
nem frugi.* »

IV. BERNARDI MONETÆ.

In dissertatione Gallice scripta de Hermaphrodito
.Pulicis Vicentini, quæ tomo quarto Menagianorum *est adjecta.*

ANTONIO BOLOGNA BECCADELLO, en Latin *Antonius Bononia Beccadellus,* nommé plus communément Antonius Panormita, avoit dans sa première jeunesse composé diverses poésies licencieuses, dont il fit un recueil qu'il intitula *Hermaphroditus,* parce que toutes les ordures touchant l'un et l'autre sexe font la matière du volume, et que rien de part ni d'autre n'y étoit enveloppé. L'auteur anonyme des notes sur Sannazar de l'édition de Hollande, 1689 (c'est Janus Brukhusius), dit avoir vu et lu manuscrites ces infâmes poésies d'Antoine de Palerme, qui n'ont jamais été imprimées. Le scandale qu'elles causèrent fut si grand, que deux célèbres prédicateurs Cordeliers de ce temps-là, Bernardin de Sienne et Robert de Lecce, si connu sous le nom de Robertus de Licio, après avoir déclamé contre l'auteur, les brûlèrent en place publique à Bologne, à Ferrare et à Milan. Pogge lui-même, dont nous avons des contes si libres et qui d'ailleurs étoit alors son ami, ne pouvant souffrir des impuretés si débordées, l'avertit jusqu'à deux fois du tort que cela pouvoit faire tout au moins à sa réputation. Albert de Eyb, dans sa Marguerite poétique, qui est une collection de passages tant en vers qu'en prose tirés de divers auteurs anciens et modernes, a extrait une trentaine de vers *ex Joanne Antonio Hermaphrodita,* corrompant ainsi ridiculement le nom d'Antoine de Palerme et le titre de son ouvrage. Il étoit dédié au grand Cosme de Médicis l'ancien. Le manuscrit qu'on en garde encore dans la bibliothèque du Grand-Duc contient l'épigramme de Pulex (1)

---

(1) Pulci de Custozza, historien et poète qui florissait vers le milieu du XIV° siècle. Forberg, dont nous avons suivi le texte, a judicieusement retranché de l'*Hermaphrodite* cette épigramme, qui n'est pas de Panormita, mais il l'a placée en tête de l'*Appendice,* que nous avons également traduit et où le Lecteur la trouvera.

L'épigramme de Pulci, longtemps attribuée à Panormita, jouissait d'une grande célébrité parmi les humanistes de la Renaissance. L'imitation de Politien est en vers Grecs ; Jean Lascaris aussi l'a traduite en Grec ; un peu plus tard, Nicolas Bourbon, de Vandœuvre, essaya de la refaire en distiques Latins, et Ménage mit à son tour en distiques Grecs cette seconde version. La traduction qu'il a donnée, en style Marotique, de l'original de Pulci, ne manque ni de concision, ni de grâce :

> Ma mère enceinte, et ne sachant de quoi,
> S'adresse aux Dieux : là-dessus grand bisbille.
> Apollon dit : « C'est un fils, selon moi.
> » — Et selon moi, » dit Mars, « c'est une fille.
> » — Point, » dit Junon ; « ce n'est fille ni fils. »
> Hermaphrodite ensuite je nacquis.
> Quant à mon sort, c'est, dit Mars, le naufrage,
> Junon, le glaive, Apollon, le gibet.
> Qu'arrive-t-il ? Un jour, sur le rivage,
> Je vois un arbre et je grimpe au sommet.
> Mon pied se prend, la teste en l'eau je tombe
> Sur mon épée. Ainsi, trop malheureux,
> A l'onde, au glaive, au gibet je succombe
> Fille et garçon, sans estre l'un des deux.

insérée, à cause du titre d'*Hermaphrodite*, au commence-
ment du livre d'Antoine de Palerme, à qui par la
même équivoque elle fut ensuite attribuée. Il n'étoit pas
capable de faire une si bonne pièce. L'Anthologie entière
n'a rien de mieux tourné, de plus fin ni de plus joliment
imaginé, et ce n'est pas un petit honneur à Politien
d'avoir pu donner une assez belle copie d'un si parfait
orignal.

L'HERMAPHRODITE

HERMAPHRODITI

LIBELLUS PRIMUS

I

AD COSMUM FLORENTINUM

EX ILLUSTRI PROGENIE MEDICORUM VIRUM CLA-
RISSIMUM, QUOD SPRETO VULGO LIBELLUM
ÆQUO ANIMO LEGAT, QUAMVIS LASCIVUM, ET
SECUM UNA PRISCOS VIROS IMITETUR.

Si *vacat a patrii cura studioque senatus,*
  Quidquid id est, placido lumine, Cosme, legas.
Elicit hoc cuivis tristi rigidoque cachinnos,
  Cuique vel Hippolyto concitat inguen opus.
Hac quoque parte sequor doctos veteresque Poetas,
  Quos etiam lusus composuisse liquet,

L'HERMAPHRODITE

LIVRE PREMIER

I

A COSME DE FLORENCE

ÉMINENT CITOYEN, DE L'ILLUSTRE FAMILLE DES MÉDICIS,
POUR QUE, DÉDAIGNEUX DU VULGAIRE, IL LISE D'UNE
AME SEREINE CE VOLUME, MALGRÉ SA LASCIVETÉ, ET
QUE, COMME MOI, IL SUIVE EN CELA L'EXEMPLE DES
ANCIENS.

Si les affaires, les soucis du pouvoir te laissent du loisir,
Tel qu'il est, ce volume, lis-le, Cosme, d'un œil calme.
Au plus morose, au plus rigide il arracherait des rires,
Et d'un Hippolyte même réveillerait le membre.
En cela je suis les traces des doctes et vieux Poètes,
Qu'on sait avoir composé des badinages,

Quos et perspicuum est vitam vixisse pudicam,
    Si fuit obsceni plena tabella joci.
Id latet ignarum vulgus, cui nulla priores
    Visere, sed ventri dedita cura fuit,
Cujus et hos lusus nostros inscitia carpet.
    Oh ita sit! Doctis irreprehensus ero.
Tu lege, tuque rudem nihili fac, Cosme, popellum,
    Tu mecum æternos ipse sequare viros.

II

AD SEMETIPSUM LOQUITUR ET RESPONDET

Cosmus *habet dios et lectitat usque Poetas :*
    Quid studium turbas, rauce poeta, suum?
—*Cosmus habet lautas epulas : quid oluscula cœnat?*
    Una quidem ratio est et studii et stomachi.

III

AD COSMUM, VIRUM CLARISSIMUM, DE LIBRI
TITULO

Si *titulum nostri legisti, Cosme, libelli,*
    Marginibus primis Hermaphroditus erat.
Cunnus et est nostro simul est et mentula libro;
    Conveniens igitur quam bene nomen habet.

Et dont on sait aussi que la vie fut pudique,
Encore que leurs tablettes soient pleines d'obscénités.
Cela, le sot vulgaire l'ignore, qui de connaître les Anciens
N'a cure, mais que son ventre seul occupe.
Sa bêtise maintenant incriminera mes écrits :
Oh ! tant mieux ! je n'en serai que moins repris des Sages.
Lis-moi donc ; méprise, Cosme, la plèbe grossière
Et, avec moi, suis l'exemple des Poètes immortels.

II

L'AUTEUR SE PARLE A LUI-MÊME ET SE RÉPOND

Cosme possède les divins Poètes, et il les lit :
Pourquoi, rauque poète, troubles-tu son étude ?
— Cosme a une table opulente, et il mange des choux :
La même raison gouverne son étude et son estomac.

III

A COSME, CITOYEN ILLUSTRE, AU SUJET DU TITRE
DE CE LIVRE

Si tu as lu, Cosme, le titre de mon livre,
Sur la première page il est *Hermaphrodite* ;
Il possède, en effet, la vulve et la mentule :
Son titre est donc celui qui lui convient le mieux.

At si Podicem vocites, quod podice cantet,
   Non inconveniens nomen habebit adhuc.
Quod si non placeat nomen, nec et hoc, nec et illud,
   Dummodo non castum, pone quod ipse velis.

IV

AD MATRONAS ET VIRGINES CASTAS

Quæque *ades, exhortor, procul hinc, Matrona, recede;*
   Quæque ades, hinc pariter, virgo pudica, fuge.
Exuor, en bracis jam prosilit inguen apertis,
   Et mea permulto Musa sepulta mero est.
Stet, legat et laudet versus Nichina (1) *procaces,*
   Adsueta et nudos Ursa videre viros.

V

DE URSA SUPERINCUBANTE

Quum *mea vult futui superincubat Ursa priapo;*
   Ipse suas partes subtineo, illa meas.

---

(1) *De Nichina conferas epigramma* XXX *libri post-erioris.*

Si tu l'intitules *Podex*, puisqu'il parle aussi du podex,
Ce titre non plus ne lui messiérait pas.
Si ce titre ne te plaît point, ni le premier, ni tout autre,
Donne-lui tel que tu voudras, pourvu qu'il ne soit pas chaste.

IV

AUX MATRONES ET AUX CHASTES VIERGES

Qui que tu sois, je t'en prie, Matrone, va-t'en bien loin ;
Qui que tu sois également, pudique Vierge, fuis.
Je me déshabille, mon membre jaillit de ma braguette ouverte,
Et ma Muse est ensevelie dans des flots de vin.
Que Nichina (1) reste, qu'elle lise et loue des vers libres ;
Ursa aussi, habituée à voir des hommes nus.

V

SUR URSA, MONTÉE A CHEVAL

Quand elle veut être besognée, Ursa enfourche mon priape ;
Je joue son rôle, et elle joue le mien.

---

(1) Sur Nichina, voyez l'épigramme xxx du livre II.

Si juvat, Ursa, vehi, moveas clunemque femurque (1)
   Parcius, aut inguen non tolerabit onus.
Deinde cave reduci repetas ne podice penem :
   Quamvis, Ursa, velis, non mea virga volet.

VI

DE CORVINO, VINUM ACCURATE CUSTODIENTE, NON UXOREM

Corvinus *vegetem custodit clave seraque,*
   Non cohibet cunnum conjugis ille sera.
Zelotypus vegetis, cunni sed prodigus ille est ;
   Haustu nam cunnus non perit, illa perit (2).

---

(1) *Clunes et femora subsultim movere dicitur cris-*
sare, id quod feminæ faciunt tum in coitu ad voluptatem
frictu augendam, quo spectat illud Martialis XI, 105 :

   Nec motu dignaris opus juvare,

tum in saltatione, ad libidinem spectatorum excitandam,
in quo genere Gaditanarum puellarum fama erat ma-
xima. Martialis V, 79 :

   Nec de Gadibus improbis puellæ
   Vibrabunt sine fine prurientes
   Lascivos docili tremore lumbos.

(2) *Priap. II :*

               ... Da mihi, quod tu
   Des licet assidue, nil tamen inde perit.

S'il te plaît d'être à cheval, Ursa, remue fesses et cuisses (1)
Plus doucement, sinon mon membre pliera sous le faix.
Puis, garde-toi d'attirer ma verge dans ton podex :
Quand même, Ursa, tu le voudrais, elle ne le voudrait pas.

VI

SUR CORVINUS, QUI GARDAIT SOIGNEUSEMENT SON VIN, MAIS NON SA FEMME

CORVINUS met son tonneau sous clef et sous serrure :
Il ne ferme pas à clef la fente de sa femme ;
Jaloux de son tonneau, il est prodigue du vagin :
C'est qu'à l'usage le vagin rien ne perd, et le tonneau se vide (2).

---

(1) Opérer ce mouvement des fesses et des cuisses se dit *crissare*. Les femmes l'exécutent, soit dans le coït, pour augmenter le plaisir par la friction, à quoi se rapporte le vers de Martial, XI, 105 :

> Tu ne daignes pas aider d'un mouvement la besogne ;

soit dans la danse, en vue d'exciter les désirs des spectateurs. Les jeunes Gaditanes jouissaient en ce genre d'une grande réputation ; Martial, V, 79 :

> Et de Cadix la perverse des jeunes filles,
> En proie à un rut sans fin, ne secoueront pas
> D'un souple trémoussement leurs reins lascifs.

(2) Priapée II :

> ... Donne-moi ce que tu donnes
> Journellement : il n'en sera rien diminué.

VII

EPITAPHIUM PEGASI, CLAUDI PÆDICONIS

Sɪ *vis scire meum nomen votumque, viator,*
  Pegasus hac ego sum claudus humatus humo.
Vota deinde scias, nomen quum sciveris ; audi :
  Sic desiderio tu potiare tuo.
Quum pathicum quemquam pædicaturus ephebum es,
  Illud in hac tumba, quæso, viator agas,
Atque ita mis animas coitu, non thure, piato,
  Scilicet hanc requiem manibus, oro, dato.
Hoc apud infernas genus est leniminis umbras
  Præcipuum ; prisci sic statuere patres.
Quippe ita Chironis cineres placabat Achilles,
  Sensit et hoc podex, flave Patrocle, tuus,
Gnovit Hylas patrio percisus ab Hercule busto.
  Tu mihi majores quod docuere lita.

VII

ÉPITAPHE DE PÉGASE, PÉDICON BOÎTEUX

Si tu veux savoir mon nom et mon souhait, passant,
Je suis le boîteux Pégase, inhumé sous cette terre.
Sache mon souhait, maintenant que tu sais mon nom, écoute,
Et ainsi tu satisferas ton désir.
Quand tu auras à pédiquer un complaisant éphèbe,
Sur cette tombe, je t'en prie, passant, besogne-le,
Et par ce coït, non par de l'encens, apaise mon âme.
Donne ce *requiem* à mes mânes, je t'en supplie ;
C'est, pour les ombres infernales, la douceur
Suprême : ainsi l'ont décidé nos antiques aïeux.
Achille apaisait de la sorte les cendres de Chiron,
Et ton podex, blond Patrocle, s'en est ressenti.
Hylas l'apprit, perforé par Hercule sur le bûcher de son père ;
Toi donc, comme l'ont prescrit nos anciens, fais le sacrifice.

VIII

DE URSÆ (1) TENTIGINE ET NASO

Sɪ *multus multæ est nasus tentiginis index,*
   Ursæ tentigo tenditur usque pedes.
Quin si multa ampli nasi tentigo sit index,
   Nasus ad usque tuum tenditur, Ursa, genu.

IX

AD CORNUTUM

RESPONDET QUARE RELICTA ETRURIA TRISTIOR SIT

Quæʀɪs *ab unanimi, dulcis Cornute, sodali,*
   Cur videar licta tristior Etruria,
Cur lusus abiere jocique, et pallor in ore est,
   Muta quid heic subito facta Thalia mea est.
Pene potens agit heic Gallus, qui cruscula solus (2)
   Quæque velit, solus basia quæque velit.

---

(1) *Ramusius Ariminensis carmine XXXI :*

> *Et dicor meretrix,* lupa, ursa, vacca *:*
> *Eventus mihi nomina hæc notavit.*

(2) *Cruscula velle est pædiconis. Idem appellabitur
infra libro secundo XXIV, 4,* cruscula adfectare.

VIII

DE LA LASCIVETÉ D'URSA (1), ET DE SON NEZ

Si un grand nez d'une grande lasciveté est l'indice,
La lasciveté d'Ursa gagne jusqu'à ses pieds.
Si une grande lasciveté est l'indice d'un grand nez,
Ton nez, Ursa, doit atteindre tes genoux.

IX

A CORNUTUS ; IL LUI DIT POURQUOI IL EST SI TRISTE DEPUIS QU'IL A QUITTÉ L'ÉTRURIE

A tous nos amis, mon doux Cornutus, tu demandes
Pourquoi d'avoir quitté l'Étrurie je suis si triste ;
Pourquoi les Jeux et les Ris ont fui, pourquoi je suis pâle,
Pourquoi ma Thalie est subitement devenue muette.
C'est qu'ici, puissant par son membre, règne le Français,
Qui pour lui seul veut les fesses (2) et pour lui seul les baisers.

---

(1) Ramusius de Rimini, XXXI :

> On m'appelle putain, louve, OURSE, vache :
> Les circonstances m'ont fait donner chaque nom.

(2) Vouloir les fesses est le fait du pédicon. Notre auteur dira plus loin, livre II, *cruscula adfectare*, avoir un faible pour les fesses.

Is sibi habet quodcunque natis vel podicis urbe est,
  Quidquid et e Tuscis aut aliunde venit.
Munera dat, Crœso nummato qualia sat sint;
  Muneribus blandas adjicit illecebras.
Inde edicta suis scribit quasi prætor ephebis :
  « Ne sine te tangi, ne sine te subigi. »
Non potes ergo loqui puero, ni indulgeat ille;
  Ni velit is, puero non potes ipse frui.
Tu contra ingenuas mulieres, tu quoque servas,
  Tuve bonas vexas inguine, tuve malas.
Vix tibi quæ natum sacro de fonte levavit,
  Vix sacra, vixque soror, vix tua tuta parens.
Tu futuis viduas, futuis nuptasque maritasve,
  Et tibi vis cunni quidquid in urbe manet.
Tu tibi vis igitur tota quid mingit in urbe :
  Ille sibi tota quidquid in urbe cacat.
Et mihi quin etiam jam constat mentula, qualem
  Qui superat, certe non homo, mulus erit.
Et mihi nimirum constant viresque vicesque (1),
  Quales qui vincit, non homo, passer erit.

---

(1) *Priapeio XXV :*

> *Quod* (membrum) *totis mihi noctibus fatigant*
> *Vicinæ sine fine prurientes,*
> *Vernis* passeribus *salaciores.*

Ad quæ Scioppius : Omnia verno tempore in Venerem sunt
proniora, maxime vero omnium passeres. Cum Ingolstadii
agerem, vidi e regione musæi mei passerem coitum vicies
repetentem, et inde adeo ad languorem datum, ud avolaturus
in terram decideret. En sortem iniquam ! Hoc passeribus
datum, negatum hominibus.

A lui tout ce qu'il y a de fesses et de podex dans la ville,
Et tout ce qui nous en vient de Toscane et d'ailleurs.
Il paie cher comme il sied à un riche Crésus
Et à ses cadeaux il joint de douces cajoleries.
Aussi, tel qu'un prêteur, prescrit-il à ses éphèbes :
« Ne vous laissez pas approcher, ne vous laissez pas façonner. »
Tu ne peux donc parler à un garçon, si le Français n'y consent;
S'il ne le veut, tu ne peux jouir d'un garçon.
Par contre, femmes de condition libre ou servantes,
Bonnes ou mauvaises, tu peux sur toutes exercer ta braguette;
A peine celle qui tint son enfant sur les fonts du baptême
Te sera sacrée, et ta sœur non plus, ni ta mère;
Tu peux besogner veuves et femmes mariées.
A toi tout ce qu'il y a de vagins par la ville,
A ta discrétion tout ce qui fait pipi :
Le Français se réserve tout ce qui fait caca.
De sorte que ma mentule est dans un tel état
Que, qui l'a plus grosse, n'est pas un homme, mais un mulet,
Et mes forces, mes désirs sont tels, que
Qui en a plus, n'est pas un homme, mais un passereau (1).

---

(1) Priapée XXV :

> Toutes les nuits me fatiguent le membre
> Des voisines en proie à un prurit sans fin,
> Plus lascives que passereaux au printemps.

A quoi Scioppius ajoute : « Au printemps, tout est porté à
l'amour, mais surtout les passereaux. Comme j'étais à Ingol-
stadt, je vis, près de mon cabinet d'étude, un moineau répéter
le coït vingt fois et en arriver à un tel état d'épuisement que,
voulant s'envoler, il tomba par terre. Inique destin! cela est
donné aux moineaux et refusé aux hommes ! »

Cur mihi non igitur futuendi copia fiat ?
   Nec sit quæ coleos hauriat ulla meos ?
Quare agedum nobis de partis cede puellam
   Aut unam, aut unam tu mihi quære novam..
Tunc me conspicias lætum lautumque licebit,
   Candida tunc pulchrum nostra Thalia canet.

X

IN MATTHIAM LUPIUM, CLAUDUM MALEDICUM

Nescio *quis nostram fertur carpsisse Camenam;*
   Si non decipior, Lupius ille fuit.
Illa sibi solita est nimium lasciva videri ;
   Confiteor, vitæ congruit ergo suæ.
Est vir obscenus, nostræ est lascivia Musæ;
   Illa levis versu, moribus ille levis.
Adde quod id monstri pedibus non ambulat æquis,
   Imparibus constat nostra Camena modis.
Si culpat versus, et se culpare necesse est :
   Si sapis ergo, tace, prodigiose senex.

Pourquoi donc ne m'est-il pas donné de φουτρε à gogo,
Et pas une femme n'est là qui m'épuise les κουλλες?
Allons, ou bien cède-moi quelqu'une de tes bonnes amies,
Ou bien cherche m'en une nouvelle, l'une ou l'autre.
Alors tu me reverras gai et de bonne humeur,
Alors bellement chantera ma blanche Thalie.

X

A MATTHIAS LUPI, MÉDISANT ET BOÎTEUX

Je ne sais qui passe pour avoir incriminé ma Muse;
Si je ne me trompe, Lupi est cet homme là.
Ma Muse lui semble se montrer d'ordinaire trop lubrique;
Je l'avoue : elle est donc toute pareille à sa vie.
Il est obscène, et ma Muse est lascive ;
Elle a le vers léger, il est léger de mœurs.
Ajoute que ce monstre ne marche pas sur des pieds égaux,
Et que c'est en vers inégaux qu'écrit ma Muse.
S'il blâme mes vers, force est qu'il se blâme lui-même ;
Si tu es sage, tais-toi donc, monstrueux vieillard.

XI

IN EUNDEM LORIPEDEM

Dic mihi, cur longo, Lupi, vestiris amictu ;
  An vitium suræ vis operire toga ?
Nil agis, o demens, humeri, latera atque moventur,
  Ut tumida nullo remige lembus aqua.

XII

IN MAMURIANUM, POSTREMÆ TURPITUDINIS
VIRUM (1).

Si tot habes scapula penes, quot sorpseris ano,
  Et perfers, vincis, Mamuriane, boves.

---

(1) Vir postremæ turpitudinis est qui aversa Venere
gaudet culumque dat libidini subactorum.

XI

CONTRE LE MÊME BOÎTEUX

Dis-moi pourquoi, Lupi, tu portes un vêtement long ?
Tu veux cacher sous cette robe le défaut de ta jambe?
Inutile, insensé ! tes épaules et tes flancs se balancent
Comme une barque sans rameur sur l'onde agitée.

XII

CONTRE MAMURIANUS, HOMME DE LA DERNIÈRE TURPITUDE (1)

Si tu chargeais ton dos des pénis qu'absorba ton anus,
Et les portais loin, tu serais, Mamurianus, plus fort qu'un bœuf.

---

(1) Un homme de la dernière turpitude est celui qui aime la
Vénus postérieure et qui livre ses φεσσες à la lubricité des
pédicons.

XIII

LEPIDINUS AB AUCTORE QUÆRIT, CUR QUI SEMEL

PÆDICARE CŒPERIT HAUDQUAQUAM DESISTIT

Cur *qui pædicat semel, aut semel irrumat, auctor*
  Nugarum, nunquam dedidicisse potest?
Immo Brito et bardus, quum vix gustaverit, ultro
  Certat in hoc ipso vincere amore Senas.
Parthenope Gallis cedit, Florentia Cimbris,
  Si semel his puerum sors teligisse dedit.
Sic qui forte mares semel inclinaverit, idem
  Haud facinus cœptum destituisse potest.

XIV

IN LENTULUM MOLLEM, ELATUM ET POSTREMÆ

TURPITUDINIS VIRUM

Solus *habes nummos, et solus, Lentule, libros,*
  Solus habes pueros, pallia solus habes,
Solus et ingenium, cor solus, solus amicos,
  Unum si demas, omnia solus habes.

XI

LEPIDINUS DEMANDE A L'AUTEUR POURQUOI L'HOMME QUI,
UNE FOIS, A PÉDIQUÉ, NE S'EN ABSTIENT PLUS JAMAIS

Pourquoi celui qui, une fois, irrume ou pédique,
O poète badin, ne le désapprend-il plus ?
Un Breton, un baudet à peine en a goûté, qu'aussitôt
Il lutte, en ce genre d'amour, à surpasser Sienne.
Parthénope le cède aux Gaulois, Florence aux Cimbres,
Si le hasard donne à ceux-ci un garçon à manier.
Qui, une fois, a plié l'échine des garçons, celui-là
Ne peut plus jamais s'en abstenir.

XIV

CONTRE L'EFFÉMINÉ LENTULUS, HOMME D'UN HAUT RANG
ET DE LA DERNIÈRE TURPITUDE

Seul tu as de l'argent, Lentulus, et, seul, des livres ;
Seul tu as des enfants, seul tu as des manteaux,
Seul tu as de l'esprit, seul du cœur, seul des amis.
Sauf une chose, tu as tout à toi seul.

Hoc unum est podex, quem non tibi, Lentule, solus,
Sed quem cum populo, Lentule mollis, habes (1).

XV

AD LEPIDINUM RESPONSIO, ET QUARE URSUS
CAUDA CARET

Accipe *ridiculam, dulcis Lepidine, fabellam,*
Et quæ quod poscis dissoluisse queat.
Fertur ab horticola divam quæsisse Priapo,
Seu Venus in dubio est, seu dea Flora fuit,

---

(1) *Dives erat Lentulus, et tamen mollis seu pathicus. Neque enim pathici tantum mercede conducebantur ad Venerem aversam patiendam, sed etiam pædicones ad laborem pædicandi suscipiendum. Ad hoc conduxerat Virro Nævolum, quem de avaritia domini computantis et ceventis festive conquerentem proposuit Juvenalis IX, 42-46.*

> *... Numerentur deinde labores.*
> *An facile et pronum est agere intra viscera penem*
> *Legitimum, atque illic hesternæ occurrere cœnæ ?*
> *Servus erit minus ille miser, qui foderit agrum,*
> *Quam dominum.*

Consolatur vero poeta hominem tristum et cum fato expostulantem, nil facere longi mensuram incognitam nervi :

> *Ne trepida : nunquam pathicus tibi deerit amicus.*

Cette unique chose qu'à toi seul tu n'as pas, c'est ton podex :
Tu l'as en commun, efféminé Lentulus, avec tout le peuple (1).

XV

RÉPONSE A LEPIDINUS, ET POURQUOI L'OURS N'A PAS DE QUEUE

Écoute, mon cher Lepidinus, cette plaisante fable
Qui peut-être t'apprendra ce que tu veux savoir.
On dit qu'au rustique Priape une déesse demanda,
Sans que l'on sache si c'était ou Vénus ou Flore,

---

(1) Lentulus était riche, et cependant efféminé, c'est-à-dire adonné au rôle du patient. Il n'y avait pas que les patients qui, moyennant salaire, concédaient la Vénus postérieure ; des pédicons aussi demandaient de l'argent pour effectuer le travail de la pédication. Virron en donnait pour cela à Nævolus, que Juvénal (IX, v. 42-46) nous représente se plaignant de l'avarice de son maître, qui faisait ses comptes tout en jouant des reins :

> ... Que l'on dénombre ensuite les fatigues !
> Est-ce facile et aisé d'introduire dans les viscères un pénis
> Légitime, et d'aller au devant du souper de la veille ?
> Moins misérable est l'esclave qui défonce un champ
> Que celui qui défonce un maître !...

Le poète console ce pauvre homme, qui se plaint au sort de ce qu'à rien ne lui sert la taille démesurée de son nerf :

> Ne t'inquiète pas : jamais tu ne manqueras d'un patient ami.

Cur, quum velentur quasi quæque animalia cauda,
 Ursus non cauda membra pudenda tegat?
Ille refert, escam cupide dum quæreret ursus,
 In tempestivos incidit ille favos,
Nec comedit primum, licet ipse famelicus esset,
 Quandoquidem merdas credidit esse favos.
At stimulante fame mox hæret, libat et instat,
 Mel sapit, et tandem non edit, immo vorat.
Rusticus advortit, properat, strepit; ursus obaudit.
 Rusticus is custos mellis et Argus erat.
Denique robusti cauda subnititur ursi,
 Et trahit, ille novo non trahit ora cibo.
Pauperiem timet hic, timet hic de melle moveri,
 Ille suo perstat proposito, ille suo.
Verum adeo trahit hic, adeo hic contrarius obstat,
 Manserit ut stupida cauda revolsa manu...
Hic deus hortorum, dum subdere plura pararet,
 Arrigit, et pepulit mentula tenta Deam.

XVI

LAUS ALDÆ

*A*LDÆ *oculi legere domum Charitesque Venusque,*
 Ridet et in labiis ipse Cupido suis.
Non mingit, verum si mingit balsama mingit;
 Non cacat, aut violas si cacat Alda cacat.

Pourquoi, presque toutes les bêtes ayant une queue,
L'ours ne voile pas d'une queue ses parties honteuses ?
Priape répondit que, cherchant avidement une proie,
L'ours, un jour, tombe sur des rayons de miel.
D'abord il les dédaigne, tout affamé qu'il est:
Il croit que ces rayons de miel sont des étrons.
Mais la faim l'aiguillonne, il les flaire, s'approche,
Goûte au miel, et alors il ne mange pas, il dévore.
Un rustre l'aperçoit, se hâte, fait du bruit : l'ours est sourd.
Ce rustre était le gardien, l'Argus des rayons de miel.
Enfin de l'ours énorme il empoigne la queue
Et tire ; l'ours n'arrache point sa gueule du mets nouveau.
L'un craint d'être ruiné, l'autre de laisser le miel,
L'un s'acharne à son affaire, l'autre à la sienne,
Et le rustre tire si fort, l'adversaire tient si ferme,
Que dans la main stupéfaite reste la queue arrachée...
Le Dieu des jardins allait en dire plus long,
Mais il βαυδε, et sa mentule tendue heurte la Déesse.

XVI

LOUANGES D'ALDA

DANS les yeux d'Alda ont élu demeure les Grâces et Vénus,
Sur ses lèvres rit Cupidon en personne.
Elle ne pisse pas, ou, si elle pisse, elle pisse des baumes;
Elle ne chie pas, ou, si elle chie, elle chie des violettes.

XVII

AD CORYDONEM
ARDENTEM QUINTIUM, TURPEM ET DEFORMEM
PUERUM

QUINTIUS *is, Corydon, quem vesanissime flagras,*
  Siccior est cornu, pallidiorque croco.
Aridus in venis extat pro sanguine pulvis,
  Deque suo gracili corpore sudor abest.
Æthiopi perhibent gens concubuisse parentem,
  Atque ideo gnatos edidit illa nigros.
Si risum elicias, rictum inspicies sibi, qualem
  Prodit in æstivo tempore cunnus equæ.
Si buccam olfaciàs, culum olfecisse putabis,
  Verum etiam culus mundior ore suo est.
Mentula perpetuo tibi quam contracta jacebit,
  Tu sibi dumtaxat basia fige semel.
I procul hinc, Quinti, fœdum putensque lupanar,
  Atque alio quovis ista venena feras.
Quis numeret, quot hians absorpserit inguina podex,
  Quot naves Siculo littore Scylla voret?
Ipse palam patitur, pudet heu, muliebria cuivis,
  Ipse palam tota prostat in urbe puer.
Qui puerum hunc igitur quit pædicare, profecto
  Is poterit rigidas supposuisse feras.

XVII

A CORYDON, AMOUREUX DE QUINTIUS, REPOUSSANT ET
DIFFORME GARÇON

Ce Quintius, Corydon, pour qui tu brûles si furieusement,
Est plus sec que de la corne, plus jaune que du safran.
Au lieu de sang, il a dans les veines une aride poussière,
Et de son maigre corps toute sueur est absente.
On dit que des Éthiopiens ont couché avec sa mère :
Celle-ci, en effet, a engendré des enfants noirs.
Si tu provoques son sourire, tu verras un rictus, tel
Qu'en été en montre un la vulve d'une jument ;
Si tu flaires sa bouche, tu croiras flairer un κυλ,
Mais vraiment un κυλ est plus propre que sa bouche.
Ta mentule à tout jamais retombera inerte,
Si une fois seulement tu lui appliques un baiser.
Va-t'en bien loin, Quintius, sale et puant lupanar,
Et porte tes poisons ailleurs, où tu voudras.
Qui comptera combien ton bâillant podex a englouti de pénis,
Et combien de navires a dévorés Scylla, sur le Sicilien rivage ?
Il subit publiquement, ô honte ! tout ce que subit une femme,
Publiquement ce garçon se prostitue à toute la ville.
Celui qui le peut pédiquer, assurément
Pourrait se mettre sous le ventre les bêtes des bois.

XVIII

IN HODUM MORDACEM

Hodus *ait nostram vitam non esse pudicam :*
E scriptis mentem concipit ille meis.
Non debet teneros Hodus legisse Catullos,
   Non vidit penem, verpe Priape, tuum.
Quod decuit Marcos, quod Marsos, quodve Pedones,
   Denique quod cunctos, num mihi turpe putem ?
Me sine cum tantis simul una errare poetis,
   Et tu cum vulgo crede quid, Hode, velis.

XIX

AD BAPTISTAM ALBERTUM, DE URSÆ LUXURIA

Comis *es, et totus pulcher totusque facetus,*
   Litteribus totus deditus ingenuis,
Atque Albertorum claro de sanguine cretus
   Nec morum quisquam est nobilitate prior.
Quum placeas cunctis raris pro dotibus, idem
   Tu mihi pro vera simplicitate places.
Veridicus cum sis et apertæ frontis amicus,
   In parili nostro casmate dic quid agas.

XVIII

CONTRE HODUS, LE MÉDISANT

Hodus prétend que ma vie n'est point pudique`:
C'est une idée qu'il conçoit d'après mes écrits.
Hodus ne doit pas avoir lu le tendre Catulle,
Il n'a pas vu ton pénis, ô Priape décalotté.
Ce qui séyait aux Marcus, aux Marsus, aux Pédons,
A tous enfin, pourquoi m'en faire un opprobre?
Laisse-moi donc me tromper avec de tels poètes,
Et toi, avec le vulgaire, crois, Hodus, ce que tu voudras.

XIX

A BATTISTA ALBERTI, TOUCHANT LA LUXURE D'URSA

Tu es tout affable, tout charmant, tout jovial,
Adonné tout entier aux belles-lettres ;
Issu de l'illustre sang des Alberti,
Nul ne prévaut sur toi en noblesse des mœurs.
Tu plais à tous par tes rares mérites, mais à moi
Tu me plais par ta franche sincérité.
Puisque tu es un ami véridique et d'un front ouvert,
En un cas pareil au mien, dis-moi ce que tu ferais :

Si mihi sint epulæ totidem, quot in alite plumæ,
 Uno luxuriens has edet Ursa die.
Si mihi sint totidem vegetes, quot in æquore pisces,
 Uno subsitiens ebibet Ursa die.
Si mihi sint totidem loculi, quot littore arenæ,
 Hos omnes uno depleat Ursa die.
Si mihi sint totidem libri, quot in aere pennæ,
 Hos omnes uno fœnerat Ursa die.
Si mihi sint totidem penes, quot in arbore rami,
 Hos omnes uno sorbeat Ursa die.
Denique si nasis essem, Baptista, refertus,
 Hos fœtore omnes imbuet Ursa die.

XX

AD QUINCTIUM, QUOMODO POSSIT ARRIGERE

Ad non dilectas, Quincti, tibi mentula tenta est :
 Si tibi jucunda est, non potes arrigere.
Qui vult posse, suum digitos intrudat in anum ;
 Sic perhibent Helenæ consuevisse Parim.

Si j'avais autant de plats à manger qu'un oiseau a de plumes,
Ursa, dans ses débauches, les dévorerait en un jour;
Si j'avais autant de barils qu'il y a de poissons dans l'eau,
En un seul jour de soif Ursa les tarirait;
Si j'avais autant de cassettes qu'il y a de sable sur le rivage,
En un seul jour Ursa les épuiserait;
Si j'avais autant de livres qu'il vole de plumes dans l'air,
En un seul jour Ursa les mettrait tous en gage;
Si j'avais autant de mentules qu'il y a de branches à l'arbre,
En un seul jour Ursa les engloutirait toutes;
Enfin, mon Battista, si j'avais des nez par tout le corps,
En un seul jour Ursa les empuantirait.

XX

A QUINCTIUS, COMMENT IL PEUT FAIRE POUR βανδερ

Pour celles que tu n'aimes pas ta mentule est tendue,
Quinctius, et si une femme te plaît, tu ne peux pas βανδερ.
Qui veut pouvoir, n'a qu'à s'introduire les doigts dans l'anus :
Ainsi, dit-on, faisait Pâris avec Hélène.

XXI

EPITAPHIUM HORJECTÆ, SENENSIS PUELLÆ
BELLISSIMÆ AC MORATISSIMÆ

Postquam *marmoreo jacet hoc Horjecta sepulcro,*
   Ipsa Deum credam numina posse mori.
Non fuit absimilis forma aut virtutibus ipsis
   Cœlitibus, Senæ gloria magna suæ.
Heu heu non probitas, species aut unica quemquam
   Abs inclementi demere Morte potest.
Quod si clara Deos faciat mortalia virtus
   Corpora, si cœlum simplicibus pateat,
Non dubitem, per vim modo non sibi jura negentur,
   Dejiciet supera sede puella Jovem.

XXII

EPITAPHIUM BAPTISTÆ VIRGUNCULÆ SORORIS
HORJECTÆ

Hic *tumulus longe tumulo felicior omni*
   Baptistæ auricomæ virginis ossa tegit.

XXI

ÉPITAPHE D'HORJECTA, TRÈS BELLE ET TRÈS PUDIQUE

JEUNE FILLE DE SIENNE

Puisque Horjecta gît sous ce sépulcre de marbre,
Je croirai que des Dieux la divinité peut mourir.
Par sa beauté, ses vertus, elle ne fut pas dissemblable
Des hôtes du ciel; elle fut l'honneur de Sienne, sa patrie.
Hélas! hélas! ni la candeur, ni une beauté unique
Ne peuvent nous arracher à l'inclémente Mort!
Mais si une éclatante vertu peut, de corps mortels,
Faire des Dieux, si le ciel est ouvert aux cœurs simples,
Je ne doute pas, à moins que par force on s'oppose à son droit,
Que, de son trône élevé, la vierge ne déloge Jupiter.

XXII

ÉPITAPHE DE BATTISTA, TOUTE JEUNE FILLE,

SŒUR DE HORJECTA

Ce tombeau, bien plus heureux que tout autre tombeau,
Recouvre les os de Battista, jeune fille aux cheveux d'or.

Dulciter hæc agili pulsabat cymbala dextra,
   Movit et artifices saltibus apta pedes.
Omnibus et cantu plusquam Philomela placebat,
   Matre quidem pulcra pulcrior illa fuit.
Indolis egregiæ minimo pro errore rubebat,
   Sparsa rubore placens, fusa rubore decens.
Quum satis hæc fecit naturæ luce suprema,
   Transierat vitæ vix duo lustra suæ.

XXIII

AD MATTHIAM LUPIUM, GRAMMATICUM

Annua *publicitus tibi larga pecunia, Lupi,*
   Solvitur ; et pueris quot legis ipse ? tribus.

XXIV

IN EUNDEM LITTERARUM IGNARUM

Inde *tui libri sunt, inde scientia, Lupi ;*
   Qui non desipiat, mallet habere libros.

Doucement, d'une main agile, elle frappait les cymbales,
Adroite aussi à mouvoir, en dansant, ses pieds légers.
A tous, par son chant, elle plaisait plus que Philomèle,
Et, sa mère étant belle, elle était plus belle encore.
D'un naturel parfait, elle rougissait pour la moindre faute,
Plaisante par ses roses éparses, décente par sa rougeur.
Lorsqu'elle satisfit à la nature, le jour suprême,
A peine avait-elle parcouru deux lustres de sa vie.

XXIII

A MATTHIAS LUPI, GRAMMAIRIEN

Aux frais publics, de larges appointements annuels, Lupi,
Te sont donnés; combien enseignes-tu d'enfants? trois.

XXIV

CONTRE LE MÊME, IGNARE EN FAIT DE LETTRES

Où sont tes livres, là est ta science, Lupi;
Qui n'est pas insensé préfère avoir les livres.

XXV

AD MINUM, QUOD LIBELLUM CASTRARE NOLIT

MINE, *mones nostro demam de carmine penem,*
  Carmina sic cunctis posse placere putas.
Mine, meum certe nolim castrare libellum :
  Phœbus habet penem, Calliopeque femur.

XXVI

IN MATTHIAM LUPIUM PÆDICONEM

ERGO *tua, Lupi, si pascitur Hisbo culina,*
  Cur non obsequitur jussibus ille tuis ?
Etsi grammatica instituas hunc arte magister,
  Cur tibi dat tenera verbera crebra manu ?
Nescio Tiresiæ sortes, nec haruspicis artes,
  Sed conjectura hoc et ratione scio.

XXV

A MINUS, POUR LUI DIRE QU'IL NE VEUT PAS CHATRER SON LIVRE

Minus, tu veux qu'à mes vers je retranche le pénis,
Tu penses qu'alors mes vers pourraient plaire à tous.
Minus, je ne veux certes point châtrer mon livre :
Phœbus a un pénis et Calliope un entre-cuisses.

XXXVI

CONTRE LE PÉDICON MATTHIAS LUPI

Si le jeune Hisbo, Lupi, mange de ta cuisine,
Pourquoi donc n'obéit-il pas à tes ordres?
Quoiqu'en magister tu lui enseignes l'art grammatical,
Pourquoi de sa tendre main t'inflige-t-il souvent des coups?
J'ignore l'oracle de Tirésias et la science des aruspices,
Mais je le sais tout de même, par conjecture et par raison.

XXVII

AD SANCTIUM BALLUM, VERSUUM SUORUM
CULTOREM

SANCTI, *nugarum lector studiose mearum,*
   Cui plus quam satis est nostra Camena placet,
Desine mirari versus, quos inter edendum
   Edimus, aut hora carmina lusa brevi.
Testis es, ut, quum jam versu defixior essem,
   E digitis calamos subtrahat Ursa meis;
Carmina, jam gnosti, strepitu persæpe foroque
   Condita sint medio, qualiacunque legis.
Quum platea dubius peterem verbumque locumque,
   Factus sum monitu certior ipse tuo.
Verum adeo longe me diligis, ut tibi vatis
   Thraicii videar concinuisse lyra.
Si qua tamen nostræ dederit sors otia pennæ,
   Et me tranquilla scribere mente sinat,
Est animo, versus, quos nulla obliteret ætas,
   Conficere, ingenii ni mihi vana fides.
Interea felix et amans, mi Balle, valeto,
   Fiant et Parcæ ferrea fila tuæ,
Et tua crudelis deponat Masia fastus,
   Atque utinam felix, compatriota, vale!

XXVII

A SANZIO BALLO, ADMIRATEUR DE SES VERS

Sanzio, lecteur assidu de mes bagatelles,
O toi à qui plus que de raison plaît notre Muse,
Cesse d'admirer ces vers, qu'en prenant nos repas
Nous composâmes, ces poèmes, caprices d'une heure brève.
Tu es témoin qu'alors que je m'acharnais sur un vers,
Ursa m'arrachait la plume des doigts.
Mes poésies, tu le sais, au milieu du tapage, en plein forum,
Furent souvent composées, quelles que soient celles que tu lis ;
Quand dans la rue je cherchais un mot ou une phrase,
J'étais renseigné par ton avertissement.
Mais tu m'aimes si fort, qu'il te semble
Que j'aie chanté sur la lyre du poète de Thrace.
Si le destin laisse à ma plume quelque loisir
Et me permet d'écrire l'esprit tranquille,
Je veux faire des vers que nulle longueur de temps
N'effacera, si ma foi en mon talent n'est pas vaine.
En attendant, heureux et amoureux, mon Ballo, porte-toi bien ;
Que pour toi la trame de la Parque soit de fer,
Et que ta cruelle Masia fasse trêve à ses dédains.
Heureux sois-tu toujours, mon compatriote, adieu !

XXVIII

LAURIDIUS AD AUCTOREM DE FLAGRANTISSIMO AMORE SUO

Me vexat Perusinus amor, vincitque Senensem,
    Heu capit, heu vexat me Perusinus amor.
Collibeat summo proles Perusina Tonanti,
    Grata foret superis stirps Perusina Deis.
Carolus insignis forma natoque decore
    Me tenet, et tenero sub pede colla premit.

XXIX

AD LAURIDIUM RESPONSIO DE AMORE SUO

Ut lubeat Perusinus amor te verset et angat,
    Me mea Senensis Lucia nympha capit.
Gens tibi gensque Jovi placeat Perusina superno,
    Me mea dumtaxat nympha Senensis amet.
Nil mortale tenet, Divas et moribus æquat
    Et specie, et Jovis hæc digna rapina foret.

XXVIII

LAURIDIUS FAIT PART A L'AUTEUR D'UN SIEN ARDENT AMOUR

UN amour né à Pérouse chasse mon amour Siennois;
Hélas! me tient, hélas! me tourmente un amour Pérugin.
Puissent les enfants de Pérouse plaire au souverain Tonnant!
Puissent aux Dieux d'en haut plaire les enfants de Pérouse!
Carlo, insigne par sa beauté, sa grâce naturelle,
Me possède, et de son tendre pied me courbe le col.

XXIX

A LAURIDIUS, RÉPONSE AU SUJET DE SON AMOUR

QU'A son gré cet amour Pérugin te bouleverse et te torture;
Moi, c'est ma nymphe Siennoise, Lucia, qui me tient.
Que les enfants de Pérouse te plaisent, et au grand Jupiter,
Pourvu que ma nymphe de Sienne m'ait en affection.
Elle n'a rien de mortel; elle égale les Déesses par ses vertus
Et sa beauté : elle serait une proie digne de Jupiter.

XXX

SENA CIVITAS ETRURIÆ LOQUITUR, ET JOVEM ORAT
UT SALTEM SIBI NYMPHAM
SERVET MORTALITATIS EXPERTEM

JUPITER, *omnipotens et clementissime Divum,*
  Exaudi fundit quas tua Sena preces.
Justa precor, justas audi, justissime, voces
  Urbis, et oh miseræ commiseresce, Deus !
Postquam me affligi tantorum morte virorum
  Et nuruum placuit, vivat alumna precor.
Vivat alumna precor, quam scis prolixius unam
  Mater amem, stabile est matris alumna decus.
Nympha diu superet, patriæ faustissima proles,
  Est honor et dos, spes, gloria, fama mei est.
Ut peritent cuncti, et maneat modo nympha superstes
  Damna potest patriæ restituisse suæ.
Si vivit, mecum est virtus, victoria, mos, pax,
  Nobilitas, et cum nobilitate salus.
Si migrat, sane cuncta hæc et plura peribunt,
  Mors sua mors nobis omnibus acris erit.
Non amor, aut cultus, nec erit jocus ullus in urbe,
  Plausus, nec risus, læta nec ulla dies.
Gymnasium pariter solvetur, gloria Senæ,
  Quod mea jucundo lumine nympha tenet.

XXX

Sienne, ville d'Étrurie, prend la parole et prie Ju-
piter que du moins il exempte sa Nymphe d'être
mortelle

Tout-puissant Jupiter, le plus clément des Dieux,
Écoute les vœux que t'adresse Sienne, ta cité.
Ma prière est juste : toi qui es juste, écoute les justes vœux
De ta ville et, ô Dieu, aie pitié d'une malheureuse !
Puisqu'il t'a plu m'affliger de la mort de tant d'hommes
Et de tant de femmes, fais que ma pupille vive, je t'en supplie,
Que ma pupille vive, elle, tu le sais, que plus qu'en mère
Je chéris : elle est de sa mère la durable parure.
Que ma Nymphe survive, heureuse fille de la patrie ;
Elle est pour moi l'honneur et la dot, l'espoir, la gloire, le renom.
Que tous périssent, pourvu que ma Nymphe survive :
Elle peut réparer tous les maux de la nation.
Si elle vit, j'ai la vertu, la victoire, le bon renom, la paix,
La noblesse et, avec la noblesse, le salut.
Si elle s'en va, tout cela et bien d'autres choses périssent ;
Sa mort sera pour nous tous la cruelle fin.
Plus d'amour, plus de luxe, plus de jeux dans la ville,
Plus de battements de mains ni de rires, plus un jour de joie ;
Le Gymnase aussi périra, cette gloire de Sienne,
Que d'un regard de ses yeux maintient ma Nymphe.

Credite vos Superi, celebris curate puella
  Vivat, longævo est digna puella die.
Dii Deæque iterum moneo, servate puellam,
  Et sinite Etruria stet decus urbe suum.
Credite, si nigræ truncent sua pensa sorores,
  Ingens cœlicolis pugna Deabus erit.
Suscipiet siquidem cœlestis regia nympham,
  Atque opus est proprio cedat ut una polo :
Aut sibi promeritæ decimum statuetis Olympum,
  Nympha quidem cœlo est Lucia digna novo.
Dicite vos, cœlum si pro virtute secutæ
  Sitis, una illa poli munere digna mage est ?
Nulla fuit vestrum, veniam date, purior illa
  Moribus, ingenio vel pietate prior.
Denique centenos operam date victitet annos,
  Neu cedat vestris mors sua forte malis.
Ergo simul, Divæ, mecum exorate Tonantem,
  Ut præstet nymphæ tempora longa meæ.

XXXI

AD COSMUM FLORENTINUM, VIRUM CLARISSIMUM

Quam *modo sensisti si non tibi grata fuit vox,*
  Cosme, nihil miror : Sena loquuta fuit (1).

_____

(1) *Sena Florentinis invisa propter rixas fere per-*
petuas.

Croyez-moi, Dieux, faites que l'illustre jeune fille
Vive : elle est digne d'une longue vie.
Je vous le répète, Dieux et Déesses, sauvez la jeune fille,
Et laissez la ville Étrurienne garder son ornement.
Croyez-moi, si les ténébreuses sœurs coupent le fil de ses jours,
Une grande querelle s'élèvera au ciel parmi les déesses,
Car le céleste séjour devra recevoir la Nymphe,
Et il faudra que l'une d'elles lui cède sa place :
Ou bien pour elle vous décréterez un dixième ciel,
Car la nymphe Lucia est digne d'un ciel nouveau.
Dites-le, Déesses, si, pour vos mérites, vous obtîntes
Le ciel, une seule parmi vous en est-elle plus digne ?
Nulle de vous toutes, pardonnez-le-moi, ne fut plus pure
De mœurs, ne la surpassa en esprit, en piété.
Mettez donc votre soin à ce qu'elle vive cent ans,
De peur que sa mort ne soit pour vous un malheur.
En même temps que moi, Déesses, suppliez donc le Tonnant
Qu'il donne longue vie à ma Nymphe.

XXXI

A COSME DE FLORENCE, HOMME ÉMINENT

Si la voix que tu viens d'entendre ne t'a pas été agréable,
Cosme, rien d'étonnant : c'était Sienne qui parlait (1).

---

(1) Sienne était odieuse aux Florentins, par suite des luttes
perpétuelles entre les deux villes.

XXXII

EPITAPHIUM CATHARINÆ, PUELLÆ ORNATISSIMÆ

Hoc *jacet ingenuæ formæ Catharina sepulcro;*
Grata fuit multis scita puella procis.
Morte sua lugent cantus lugentque choreæ,
Flet Venus, et mœsto corpore mœret Amor.

XXXIII

IN MAMURIANUM TUSCUM PENISUGGUM (1)

Tuscus *es, et populo jucunda est mentula Tusco;*
Tusculus et meus est, Mamuriane, liber.

---

(1) *Mamurianum pathicum notaverat Antonius supra epigrammate XII. Nostro autem loco Mamurianus carpitur fellator. Nam penem sugere est fellare, quemadmodum penem ori ad fellandum immittere irrumare. Multus est in miro isto Veneris genere Martialis. Fellabant non tantum feminæ, ut Lesbia, Lyris, Chione, Thais, Ægle, Vetustilla, Rufa (Martial. II, 50. 73. III, 83. 87. IV, 50. 85. I, 95. II, 28. Catull. LIX), sed etiam viri, ut Zoilus, Linus, Gaurus, Gellius (Martial. III, 82. XI, 31. VII, 9. II, 89. Catull. LXXX).*

XXXII

ÉPITAPHE DE CATARINA, JEUNE FILLE D'UNE RARE ÉLÉGANCE

DANS ce sépulcre gît Catarina aux belles formes;
La gracieuse fille fut chère à beaucoup d'amoureux.
Par sa mort sont en deuil les chants et les danses,
Vénus pleure et, de tout son corps dolent, pleure l'Amour.

XXXIII

AU TOSCAN MAMURIANUS, PÉNISUGE (1)

TU es Toscan, et la mentule plaît aux gens de Toscane;
Mon livre aussi est un peu Toscan, ô Mamurianus.

---

(1) Antonio avait noté, plus haut, ce Mamurianus (épigr. XII)
comme jouant le rôle de patient; dans celle-ci, il est attaqué
en qualité de fellateur, car être pénisuge, c'est *fellare*, de même
que mettre son pénis dans la bouche *ad fellandum*, c'est *irru-
mare*. Martial est des plus abondants sur ce genre singulier de
volupté. Il n'y avait pas que les femmes qui συκαιευτ, comme
Lesbia, Lyris, Chione, Thaïs, Ægé, Vetustilla, Rufa (Martial,
II, 50, 75 ; III, 83, 87 ; IV, 50, 85 ; I, 95 ; II, 28) ; les hommes
aussi s'en mêlaient : Zoïlus, Linus, Gaurus, Gellius (Martial,
III, 82 ; XI, 31 ; VII, 9 ; II, 89 ; Catulle, LXXX).

Attamen e nostro præcidam codice penem,
Præcidat simulac, Mamuriane, jubes.
Nec prius abscindam, nisi tu prius ipse virilem
Promittas demptam suggere nolle notam.

XXXIV

AD AMILUM PÆDICONEM

Hunc *pædicato, qui portat, Amile, tabellam,*
Et referas, quæ sit pulcra tabella magis.

XXXV

DE VILLICO STULTO, ALDAM BASIANTE

Porticus *ingentem facie dum sustinet Aldam,*
Villicus incautæ basia rapta dedit.
Hunc vulgus stolidum credit, sed stultius illo est
Vulgus. Me miserum, quam bene, stulte, sapis !
Quum liceat stultis impune suavia nymphæ
Figere, Dii facerent, stultus ut ipse forem.

Cependant qu'à mon livre je retranche la mentule,
Que je la lui retranche tout de suite, tu le veux, Mamurianus.
Je ne la couperai point avant que, d'abord,
Tu promettes de ne point συκερ l'organe viril coupé.

XXXIV

AU PÉDICON AMILUS

PÉDIQUE, Amilus, celui qui te porte ces tablettes,
Et dis, après, quelle tablette est la plus belle.

XXXV

D'UN RUSTRE INSENSÉ QUI BAISAIT ALDA

CEPENDANT qu'un porteur soulève Alda, au large visage,
Un rustre à la belle sans défense ravit un baiser.
Le vulgaire le croit fol, mais bien plus fol est
Le vulgaire; pauvre de moi! que tu es avisé, fol!
Puisque impunément les fous baisent les nymphes,
Fassent les Dieux que je sois fou moi-même!

7

XXXVI

IN MATTHIAM LUPIUM PÆDICONEM

Lupius *indoctum dum pædicaret ephebum,*
Dixit : « *Io clunes, dulcis ephebe, move.* »
Hic ait : — « *Id faciam, verbo si dixeris uno.* »
Ille refert: — « *Ceve* (1); *diximus, ergo move.* »

---

(1) Cevere *est nates et femora subsultim movere. Ars est pathicorum, ut voluptas pædiconum frictu augescat.* Martialis III, 95 :

> *Sed pædicaris, sed pulchre, Nævole, ceves.*

Juvenal IX, 40, *de molli avaro :*

> *Computat et cevet.*

Hanc artem nondum satis didicerat ephebus Lupii, unde dicitur indoctus. *Doctior erat ille, de quo* Tibullus *ad Priapum* 21, 22, 23 :

> *... Nec tibi tener puer*
> *Patebit ullus, ingemente qui toro*
> *Juvante verset arte mobilem natem.*

Uti cevere est virorum, ita crissare feminarum. *Etiam ars crissandi usu discitur. Didicerant Helena et Mathildis, meretrices Florentinæ, de quibus infra libro secundo XXXVII, 13, 14 :*

> *Occurret tibi flava Helene, dulcisque Mathildis,*
> *Docta agitare suas illa vel illa nates.*

XXXVI

CONTRE LE PÉDICON MATTHIAS LUPI

Lupi, en pédiquant un ignorant éphèbe,
Dit : « Allons, mon doux éphèbe, remue les φεσσες.
» — Soit, » répondit l'autre, « si tu le dis en un seul mot. »
Lupi reprend : — « Ceve(1); j'ai dit; donc, remue-les. »

---

(1) Cevere, c'est remuer par secousses les κυισσες et les φεσσες. C'est l'art des patients, pour augmenter, par le frottement, la jouissance des pédicons. Martial, III, 95 :

Tu te fais pédiquer, Névole, tu remues joliment les φεσσες.

Juvénal, IX, 40, parlant d'un efféminé avare :

Il compte et joue des reins.

L'éphèbe de Lupi n'était pas suffisamment versé dans cet art, aussi l'appelle-t-on ignorant. Il en savait davantage celui dont parle Tibulle à Priape, 21, 22, 23 :

... A toi ne se livrera
Nul jeune garçon qui, sur le lit gémissant,
Remue avec art une φεσσε onduleuse.

De même que cevere est l'affaire des hommes, crissare est celle des femmes. Cet art s'apprenait aussi par l'usage. Elles l'avaient appris, ces deux courtisanes de Florence, Elena et Matilda, dont il est question plus loin, livre II, XXXVII, 13, 14 :

Au devant de toi viendront la blonde Elena et la douce Matilda,
Habiles l'une et l'autre à remuer les φεσσες.

XXXVII

EPITAPHIUM SANZII LIGORIS, BELLI AC DOMI
PRÆCIPUI

TEMPORIBUS *luteis in me Romana refulsit*
  Virtus prisca domi militiæque simul.
Nomen erat Sanzus, clara de stirpe Ligori;
  Sarcophago hoc tegitur corpus, et umbra polo.

XXXVIII

AD PONTANUM, POLLAM SEMIDEAM ARDENTEM,
PRO QUA VEHEMENTER ORAT

SI *vacat, Aoniis o vir pergrate Camenis,*
  Accipe quod pro te lingua animoque precer.
Ut tibi dent annos Superi, dignissimus ævo es,
  Dignior est digno candida Polla viro.
Et tibi sit facilis tenera cum matre Cupido,
  Dignior est teneræ Polla favore Deæ.
Et visens nullo possis, Pontane, videri,
  Dummodo semidea tu videare tua.
Atque anus enervis, quæ semper murmurat in te,
  In fontes urnæ pondere tracta cadat.

XXXVII

ÉPITAPHE DE SANZIO LIGORI, ILLUSTRE A LA GUERRE
COMME A SON FOYER

Aux temps sombres brilla en moi l'antique vertu
Romaine, à mon foyer comme sur le champ de bataille.
Mon nom était Sanzio, de l'illustre famille des Ligori;
Ce sarcophage couvre mon corps; mon ombre est au ciel.

XXXVIII

A PONTANUS, AMOUREUX DE LA DEMI-DÉESSE POLLA, POUR
LAQUELLE IL FAIT DES VŒUX ARDENTS

Si tu as du loisir, toi si cher aux Muses Aoniennes,
Accepte les vœux que pour toi je fais de bouche et de cœur.
Les Dieux te prêtent vie ! car tu es digne de vivre un siècle,
Comme la blanche Polla est la plus digne d'un digne époux.
Que Cupidon et sa tendre mère te soient favorables :
Polla est digne des faveurs de l'amoureuse Déesse.
Puisses-tu, Pontanus, n'être vu de personne,
Pourvu que tu le sois de ta demi-déesse, et que tu la voies;
Que la vieille décrépite qui toujours contre toi murmure,
Entraînée par le poids du seau, tombe dans le puits;

At via declivis fieri planissima possit,
  Sentiat et gressus semper amica tuos.
Et si dulce canas, possit vox ipsa videri
  Dulcior, et credat suavius esse nihil.
Inque dies crescat calor hic, et possit amare
  Strictius hic illam, strictius illa virum.
Et tibi jam possit nymphe præclara videri
  Tyndaris, ac illi tu videare Paris.
Hispidus actutum queat exspirare maritus,
  Ni deus hortorum vir sit, ut esse putas.
Sive sit ipse deus, seu non, tamen ipsa maritum
  Te fingat, tecum seque cubare putet.
Et tibi contingat demum inclusisse labellis
  Et linguam, et dominæ sustinuisse femur.
Si forte unanimis pro me, Pontane, precari
  Atque vicem votis reddere forte velis,
Id precor adsidue, noctuque diuque precare,
  Ut sit deformis nulla superstes anus.
Sit tibi nil mirum, si inculta et dissona mitto :
  In risu et medio carmina ficta joco,

XXXIX

IN MALEDICUM

Est qui me coram meque et mea carmina laudet,
  Et me clam laniet meque meosque sales.

Que la route déjà coulante soit encore plus facile
Et que ta mignonne entende toujours tes pas ;
Si **tu** chantes d'une voix douce, que ta voix lui semble
Plus douce encore, et qu'elle ne sache rien de plus suave ;
Que chaque jour croisse votre ardeur, et puissiez-vous chérir
De plus en plus l'un sa maîtresse, l'autre son amant ;
Puisse-t-elle te sembler plus charmante que la nymphe
De Tyndare, et toi lui sembler être Pâris ;
Puisse son mari bourru bientôt expirer,
A moins qu'il ne soit, comme tu le crois, le dieu des jardins.
Mais qu'il soit ce dieu on non, qu'elle prenne son mari
Pour toi, et s'imagine que c'est avec toi qu'elle couche.
Qu'il t'advienne enfin de prendre entre tes lèvres la langue
De ta mignonne, et de poser tes cuisses entre les siennes.
Si de ton côté, Pontanus, tu veux pour moi faire une prière
Et aux vœux que je fais pour toi rendre la pareille,
Je t'en prie ardemment, nuit et jour demande
Que nulle vieille difforme ne reste vivante.
Ne t'étonne pas que je t'envoie des vers incultes et dissonnants :
Je les ai faits au milieu des jeux et des éclats de rire.

XXXIX

CONTRE UN MÉDISANT

Il est un homme qui publiquement me loue, moi et mes vers,
Et qui par derrière nous déchire, mes vers et moi.

Obticeat, ni se laniavero clamve palamve,
　　Inque suas maculas ipse trilinguis ero.

XL

AD CRISPUM, QUOD SUAS LAUDES INTERMISERIT

RUSTICO CACANTE

Arbor *inest medio viridis gratissima campi,*
　　Limpidus hinc constat rivulus, inde nemus.
Hanc avis adventat, pulcraque sub arbore cantat,
　　Lenitur sonitu lucus et unda suo.
Heic de more aderam, versus dictare parabam,
　　Adstiterat calamo Clio vocata meo.
Crispe, tuos cœpi sanctos describere mores,
　　Quive vales prosa, carmine quive vales,
Utque tua summus sis civis in urbe futurus,
　　Ut meritum virtus sitque habitura suum.
Rusticus interea satur egesturus in herba
　　Se fert, contigua pallia ponit humo,
Mox aperit bracas, coleos atque inguina prodit,
　　Leniter et nudas verberat aura nates,
Inflectit genua, ac totum se cogit in orbem,
　　Imposuit cubitos crure, manusque genis,
Postera jam talos contingere crura videntur,
　　Se premit, et venter solvitur, inde cacat.

Qu'il se taise, sinon je le déchirerai par derrière et en public ;
Pour dénoncer ses taches, j'aurai trois langues.

XL

A CRISPUS DONT IL ÉCRIVAIT LES LOUANGES, LORSQU'UN
RUSTRE, EN CHIANT, EST VENU L'INTERROMPRE

Il est, au milieu de la verte prairie, un arbre délicieux ;
Ici coule un ruisseau, là s'étend la forêt.
Un oiseau s'approche et chante dans les branches de l'arbre,
Les bois, les eaux s'égayent de l'entendre chanter.
J'y fus, comme d'ordinaire, et m'apprêtais à faire des vers ;
Clio, que j'invoquai, vint diriger ma plume.
Je commençais, Crispus, à dire tes mérites,
Ce que tu vaux en prose, ce que tu vaux en vers,
Comment tu es le premier citoyen de ta ville
Et quelle récompense recevra ta vertu.
Mais voici qu'un rustre trop plein vient dans l'herbe
Se décharger ; il pose près de lui, par terre, son manteau,
Puis délace ses chausses, met à l'air ses κουλλες et son pubis,
Et le zéphir caresse doucement ses fesses nues.
Il fléchit les genoux, se ramasse tout en boule,
Met ses coudes sur ses cuisses, ses mains sur ses joues,
Et le bas de ses fesses semble toucher ses talons ;
Il s'efforce, le ventre se relâche, enfin il chie.

Tunc ex vocali ventosa tonitrua culo
  Dissiliunt, strepitu tunditur omnis ager.
Excutior, calamus cecidit, Dea cessit in auras,
  Ad crepitum trullæ territa fugit avis.
Deprecor, ut primas plantes, male rustice, vites,
  Post modo sat sitiens non sua vina bibas,
Rustice, sulcatæ summittas semina terræ,
  Nec panem esuriens, nec miser esse queas.
Ergo vale, et tum cum concinna revertitur ales,
  Jam pergam laudes scribere, Crispe, tuas.

XLI

PRECES ORATUM MITTIT AURISPAM SICULUM,

UT SIBI MARCUM VALERIUM MARTIALEM COMMODET

DE PRECIBUS PULCHRA HOMERI FICTIO

Preces, ut tradit Homerus, Divæ sunt, et puellæ magni Jovis.
Hæ et claudæ et lippæ sunt, hisque Ἄτης prævenit, idem
Nocumentum, quæ sanis ac validis pedibus constat, et longe
anteit, nocens hominibus per omnem terram, Preces vero
post sequuntur. Qui autem veneratur puellas Jovis prope
venientes, maxime illum quidem juvant et rogantem exau-
diunt. Qui vero eas adspernatur, ac dure repellit, orant

Alors, du cul bruyant, de venteux coups de tonnerre
S'échappent, tout le champ retentit du vacarme.
Je suis terrassé, ma plume tombe, la Déesse s'envole,
Au crépitement des boyaux l'oiseau s'enfuit épouvanté.
Je souhaite, fâcheux rustre, que tu plantes des vignes,
Et que, plus tard, ayant soif, tu ne boives pas leur vin ;
Que tu sèmes du froment, rustre, dans les terres labourées,
Et qu'ayant faim de pain, tu ne puisses en manger, misérable !
Adieu donc ; quand reviendra l'oiseau chanteur,
Alors, Crispus, j'achèverai d'écrire tes louanges,

XLI

IL ENVOIE LES PRIÈRES AU SICILIEN AURISPA (1) POUR LE SUPPLIER DE LUI PRÊTER UN MARTIAL (2)

INGÉNIEUSE FICTION D'HOMÈRE SUR LES PRIÈRES

Les Prières, comme le raconte Homère, sont des Déesses, filles du grand Jupiter. Elles sont boiteuses, chassieuses, et devant elles marche Atès, c'est-à-dire l'Outrage, porté par des pieds sains et valides. Il les précède de loin, nuisant aux hommes par toute la terre ; les Prières le suivent. Or, celui qui vénère les filles de Jupiter lorsqu'elles s'approchent de lui, elles l'assistent de tout leur pouvoir et elles exaucent ses vœux. Celui qui les dédaigne et durement les repousse, elles s'éloi-

---

(1) Érudit de la Renaissance, orateur et poète, très versé dans les lettres Grecques et Latines, qui florissait vers le milieu du xvᵉ siècle. Il traduisit en Latin le Commentaire d'Hiéroclès, philosophe du vᵉ siècle, sur les *Vers dorés* de Pythagore, qu'il dédia au pape Nicolas V. On lira plus loin (Livre II) une de ses épigrammes Latines. *(Note du Traducteur)*.
(2) Cette pièce est une traduction, presque mot à mot, de la célèbre allégorie d'Homère, *Iliade*, IX, 498-508. *(N. du Trad.)*

abeuntes Jovem, uti hunc insequatur Nocumentum, et dam-
natus det pœnas.

Ite, *Preces, natæ magni Jovis, en præit* "Ατης,
　　"Ατης, *quæ vobis prævia monstrat iter.*
Si multum validis Nocumentum passibus anteit,
　　Ite citæ, lippæ, loripedesque Preces.
Ivit Ate, cuivis omnem nocitura per orbem,
　　Ite citæ vestris gressibus, ivit Ate.
Est Florentina celebris tellure poeta,
　　Quem numerat genitis Sicilis ora suis.
Illius ex lepido cantant Heliconides ore,
　　Illius ex digitis pulsat Apollo chelyn.
Non peperit Latium, non Græcia mille per annos
　　Eloquio similem vel probitate virum.
Illi ego non parvo jam pridem jungor amore,
　　Jam pridem nobis mutuus extat amor.
Hunc petite, hunc vigili vos offendetis in æde,
　　Cantantem altisonis regia gesta modis.
Hunc igitur magni Jovis exorate puellæ,
　　Per si qua est scriptis fama futura suis,
Ut mihi concedat perrara Epigrammata Marci ;
　　Illa libens relegam, restituamque libens.
Si facilis, Divæ, coram venientibus extet,
　　Et meritus vobis exhibeatur honos,
Æque adjutrices hunc exaudite rogantem,
　　Sitis et huic placidæ, parque referte pari.
Quodsi vos nihili faciat dureque repellat,
　　Poscite confestim, turba repulsa, Jovem,

gnent de lui et vont prier Jupiter que l'Outrage le poursuive ;
condamné, il subira le châtiment.

Allez, Prières, filles du grand Jupiter ; allez : suivez Atès,
Atès qui, en vous précédant, vous montre le chemin.
Si l'Outrage, sur ses pieds solides, vous devance de beaucoup,
Allez plus vite, chassieuses, boiteuses Prières.
Atès court, prêt à nuire à tous, par tout le globe ;
Allez donc, allongez le pas, Atès court.
Il est, sur la terre Florentine, un célèbre poète
Que la région Sicilienne compte parmi ses enfants.
Par sa bouche éloquente chantent les filles de l'Hélicon,
Par ses doigts Apollon fait résonner le chélyn.
En mille années ni le Latium ni la Grèce n'engendrèrent
Son égal en éloquence et en probité ;
Dès longtemps je lui suis uni d'une étroite amitié,
Dès longtemps existe entre nous une affection mutuelle.
Allez le voir, vous le trouverez, dans sa vigilante demeure,
En train de chanter sur le mode héroïque les gestes des rois.
Suppliez-le, filles du grand Jupiter,
Par la renommée future qu'acquerront ses écrits,
De me prêter les Épigrammes, si rares, de Martial.
Volontiers les relirai-je, volontiers les lui restituerai-je.
Si d'un bon accueil, ô Déesses, il vient vers vous
Et vous rend les honneurs qui vous sont dus,
Équitables et secourables, écoutez-le quand il vous suppliera,
Soyez-lui douces, rendez-lui la pareille.
Mais s'il vous dédaigne et vous repousse durement,
Troupe en fuite, allez aussitôt demander à Jupiter

Hunc ut terribili Nocumentum voce sequatur,
Et damnas pœnas detque luatque graves.

XLII

AD COSMUM, VIRUM CLARISSIMUM, DE LIBRI DIVISIONE

IN *binas partes diduxi, Cosme, libellum,*
   Nam totidem partes Hermaphroditus habet.
Hæc pars prima fuit, sequitur quæ deinde secunda
   Hæc pro pene fuit, proxima cunnus erit. [est.

XLIII

AD COSMUM, VIRUM CLARISSIMUM, QUANDO ET CUI LEGERE LIBELLUM DEBEAT

HACTENUS, *o patriæ decus indelebile, panxi,*
   Convivæ quod post prandia, Cosme, legas.
Quod reliqui est, sumpta madidis sit lectio cœna (1),
   Sicque leges uno carmina nostra die.

---

(1) *Martial. X, 19 :*

> *Hæc hora est tua, cum furit Lyæus,*
> *Cum regnat rosa, cum madent capilli ;*
> *Tunc me vel rigidi legant Catones.*

Que de sa terrible voix l'Outrage le poursuive,
Et que, condamné à de graves peines, il les subisse.

XLII

A COSME, HOMME ÉMINENT, TOUCHANT LA DIVISION
DE L'OUVRAGE

En deux parties, Cosme, j'ai divisé mon livre,
Car Hermaphrodite en a deux aussi.
Celle-ci est la première ; l'autre, qui suit, sera la seconde :
La première lui tient lieu de pénis ; la seconde sera sa vulve.

XLIII

A COSME, HOMME ÉMINENT : QUAND ET A QUI IL DOIT
LIRE LE VOLUME

Jusqu'a présent, ô gloire indélébile de la patrie, j'ai chanté
Ce qu'après dîner, Cosme, tu peux lire à tes convives ;
Le reste, fais-en lecture, après souper, à des gens ivres (1) :
Ainsi en un seul jour tu liras tous mes poèmes.

---

(1) Martial, X, 19 :

> Ton heure, c'est quand Lyæus est en fureur,
> Que règne la rose, que les cheveux ruissellent;
> Qu'alors me lisent même les rigides Catons.

HERMAPHRODITI

LIBELLUS SECUNDUS

I

AD COSMUM FLORENTINUM

EX ILLUSTRI PROGENIE MEDICORUM VIRUM CLA-
RISSIMUM, QUOD CIVILI JURI OPERAM DARE ET
MERITO PERGIT, QUUM HAC TEMPESTATE NON
SIT QUISQUAM REMUNERATOR POETARUM

COSME, *vir Etrurias inter celeberrime terras,*
  Si sileas, videor velle videre tuum :
Malles, posthabitis jamjam Lusuve Jocove
  Clausissem forti strenua bella pede.
Ut tu magnanimus, sic et permagna cupiscis ;
  Hei mihi, sed nostro tempore Cæsar abest.
Hic tibi sit largo pro Cæsare gloria dices ;
  Sed tales epulas non meus alvus edit.

L'HERMAPHRODITE

~~~~~~~~

LIVRE SECOND

I

A COSME DE FLORENCE

HOMME ÉMINENT, DE L'ILLUSTRE FAMILLE DES MÉDICIS :
POURQUOI L'AUTEUR, AVEC RAISON, SE CONSACRE AU DROIT
CIVIL, PUISQUE EN CE TEMPS-CI LES POÈTES N'ONT PER-
SONNE QUI LES RÉMUNÈRE.

COSME, homme illustre dans tous les pays Étruriens,
Tu aimerais mieux que, laissant là les Jeux et les Ris,
J'enfermasse dans un mètre sonore les guerres héroïques.
Magnanime que tu es, tu désires de grandes choses ;
Malheureusement pour moi, il manque à notre âge un César.
« Que la gloire te serve de César généreux, » diras-tu ;
Mais de tels repas ne se nourrit point mon ventre.

9

Laurea sit cuivis, dum sit domus aurea nobis :
  Auratam facient aurea jura domum.
Dant lites requiem, donant chirographa nummos.
  Hoc lex dat, voces gloria sola dabit.
Hæc alit, hæc fatuas duntaxat inebriat aures,
  Scilicet et venter carior aure mihi est.
Famaque quantalibet veniat post funera nobis,
  Excipiam nullos mortuus aure sonos.
Ergo sequor prudens leges ac jura Quiritum,
  Prostituo prudens verba diserta foro.
Cum vacat officio legali, ludicra condo,
  Dum bibo, quæ nobis immeditata fluunt.
In mensa nequeunt heroum gesta reponi,
  Non sunt implicitæ prœlia mentis opus.
Sit mihi Mæcenas, claros heroas et arma
  Cantabo, et nugis præfera bella feram.

II

AD PUELLAS CASTAS

Vos iterum moneo, castæ nolite puellæ
  Discere lascivos ore canente modos.
Nil mihi vobiscum est. Vates celebrate severos.
  Me Thais medio fornice blanda legat.

Le laurier à qui en veut, pourvu que j'aie maison d'or :
La jurisprudence dorée fera d'or la maison.
Les procès donnent le repos, les testaments des écus ;
Le droit procure tout cela, la gloire ne repaît que de mots ;
Le droit nourrit, la gloire enivre de folles oreilles :
Or, bièn plus que mes oreilles, mon ventre m'est cher.
Que la renommée me vienne après mes funérailles,
Étant mort, nul son ne parviendra à mon ouïe.
Prudent, je pratique donc les lois et le droit des Quirites,
Prudent, je prostitue mon éloquence au forum.
Quand vaque l'office des lois, je compose, en buvant,
Des bagatelles qui de moi coulent sans méditation.
On ne sert pas à table les hauts faits des héros,
Les combats ne sont pas l'affaire d'un esprit préoccupé.
Qu'il me vienne un Mécène, alors je chanterai
Les héros, les armes, et préfèrerai les guerres aux badinages.

II

AUX CHASTES JEUNES FILLES

Je vous le dis encore, chastes jeunes filles,
N'écoutez pas sortir de ma bouche ces vers lascifs ;
Je n'ai pas affaire à vous, lisez des poètes sévères :
Qu'en plein bordel me lise la tendre Thaïs.

III

LAUS ALDÆ

Sı *tibi sint pharetræ atque arcus, eris, Alda, Diana;*
    Si tibi sit manibus fax, eris, Alda, Venus.
Sume lyram et plectrum, fies quasi verus Apollo;
    Si tibi sit cornu et thyrsus, Iacchus eris.
Si desint hæc, et mea sit tibi mentula cunno,
    Pulcrior, Alda, Deis atque Deabus eris.

IV

IN ALDÆ MATREM

Uт *mihi tu claudis, mater stomachosa, fenestram,*
    Sic tibi claudatur cunnus, iniqua parens!
Id tibi erit gravius, cælebs videare licebit,
    Quam tibi si cœli janua clausa foret.

III

ÉLOGE D'ALDA

Sɪ tu as les flèches et l'arc, Alda, tu es Diane;
Si tu as en main la torche, Alda, tu es Vénus.
Prends la lyre et l'archet, tu seras un vrai Apollon,
La corne et le thyrse, tu seras Iacchus.
Si tout cela te manque et que ma mentule soit dans ta fente,
Tu seras plus belle, Alda, que tous les Dieux et Déesses.

IV

CONTRE LA MÈRE D'ALDA

Dᴇ même que, fâcheuse mère, tu me fermes la fenêtre,
Que ta vulve aussi soit close, inique marâtre !
Cela te sera plus pénible, quoique célibataire,
Que si du ciel la porte t'était close.

V

LAUS ALDÆ

ALDA, *puellarum fortunatissima, gaude :*
Vincitur omnipotens igne Cupido tuo.
Alda Deos omnes specieque et moribus æquat ;
Sit minime mirum, si capit Alda Deos.

VI

AD PHILOPAPPAM

DEPERIENTEM STERCONUM, VIRUM TURPEM

NI *te detineat Sterconus, scire volebam,*
An stomachus peni sit, Philopappa, tuo.
Et stomachus certe talis, qui digerit Ætnam,
Albicat hiberna cum magis Ætna nive.
Quid loquor in nebulis, qui non intelligor ulli ?
Simpliciter dicam, quid, Philopappa, velim.
Est puer, hunc ardes, quin deperis ; et puer ille
Sit tibi, ter decies qui nova musta bibit ?
Jam pridem ægrotat ; cur aridus instar aristæ est ?
Et dubites, vultus larva sit, an facies.

V

ÉLOGE D'ALDA

Alda, la plus fortunée des filles, réjouis-toi,
Le tout-puissant Cupidon est vaincu par ta flamme.
Alda est l'égale des Dieux par sa beauté, ses mœurs :
Rien d'étonnant à ce que Alda s'empare des Dieux.

VI

A PHILOPAPPA, QUI MEURT D'AMOUR POUR STERCONUS, HOMME HIDEUX

Si Sterconus ne te retient point, je voudrais savoir,
Philopappa, si ton pénis a un estomac,
Et un estomac, certes, à digérer l'Etna,
Quand l'Etna est tout blanc de neiges hivernales.
Pourquoi parler à mots couverts et que nul ne me comprenne ?
Je dirai simplement, Philopappa, ce que je veux dire.
Il est un jeune, tu l'aimes, tu en meurs ; est donc jeune
Pour toi un homme qui trente fois goûta le vin nouveau ?
D'abord il est malade ; pourquoi est-il plus sec qu'une paille ?
On doute si son visage est face d'homme ou d'un fantôme.

Quamvis ipse gula sit longus, quum tamen ossa
  Proluit os, vellet guttur habere gruis.
Est sibi pro bello rubicundula tibia naso,
  Et patula cerebrum nare videre potes.
Cruribus atque ano densorum sylva pilorum est,
  Qua possit tuto delituisse lepus.
Mentis multivolæ est, venalis, potor edoque,
  Diligit et tantum munera, more lupæ.
Ille, ita me Dii ament, sic est, aut turpior; at tu
  Proh pudor, hunc plus quam viscera cœcus amas.
Nescio quem vulgus dicat flagrasse lucernam;
  Derisi quondam, sed modo vera putem.
Non erat in populo formosior alter Etrusco,
  Non erat Italico gratior orbe puer?
Cœcus amor plerum mortalia pectora cœcat,
  Nec nos a falsis cernere vera sinit.
Cur edat ille fimum, vulpes quæsivit asellum;
  « Nam memini,» dixit, «quod fuit herba fimus.»
Sic puto tu referes cuivis fortasse roganti,
  Diligis hunc ideo, quod tener ante fuit.
Cœcus es, et credis me cassum lumine coram
  Sterconum eximiis laudibus usque ferens.
Crura licet pueri bombycea lautaque dicas,
  Crura tamen siccæ pumicis instar habet.
Jam modo crediderim, te verpum posse Priapum
  Scilicet et Lybicas accubuisse feras.
Immanem ergo fovet stomachum tua mentula, verum
  Nil videt, usque oculos ederit illa suos.

Quoiqu'il ait le gosier long et que sa bouche abreuve
Ses cartilages, il voudrait avoir le cou d'une grue.
En guise de nez, il possède un rouge tibia,
Et par sa large narine on peut voir palpiter son cerveau.
Sur ses cuisses, son anus, s'étend une épaisse forêt de poils
Où pourrait en sûreté se cacher un lièvre.
Il est d'un esprit capricieux, il est vénal, buveur, mangeur,
Il n'aime que les cadeaux, comme une prostituée.
Oui, tel il est, les Dieux m'assistent ! ou pire ; et toi,
O honte, tu l'aimes plus que tes propres entrailles.
Je ne sais de qui on a dit qu'il brûlait pour une lanterne :
J'en riais autrefois, maintenant je crois que c'est vrai.
Il n'y avait pas de plus joli garçon dans la race Étrurienne ?
Il n'y en avait pas dans toute l'Italie ?
L'aveugle amour souvent aveugle le cœur des mortels
Et nous empêche de discerner le vrai du faux.
Le renard demande à l'âne pourquoi il mange du fumier :
« Je me souviens, » répond-il, « que jadis c'était du foin. »
Ainsi, je pense, répondrais-tu à qui t'interrogerait.
Tu l'aimes maintenant parce que jadis il fut jeune.
Tu es aveugle, et tu me crois privé de la vue,
Quand par trop de louanges tu exaltes Sterconus.
Quoique tu dises que ses cuisses sont douces et satinées,
Il les a rugueuses comme de la pierre ponce.
Désormais je croirai que tu peux pédiquer le vieux Priape
Et te mettre sous le ventre les bêtes de Lybie;
Ta mentule possède donc un estomac féroce ?
Elle ne voit rien, elle aura mangé jusqu'à ses yeux.

VII

AD AURISPAM DE URSÆ VULVA

Ecquis erit, vir gnare, modus, ne vulva voracis
  Ursa testiculos sorbeat usque meos?
Ecquis erit, totum femur hæc ne sugat hirudo,
: Ne prorsus ventrem sugat ad usque meum?
Aut illam stringas quavis, Aurispa, medela (1).
  Aut equidem cunno naufragor ipse suo.

---

(1) *Similis est querela Pacifici Maximi elegia III
  libri V :*

Quid dices? Quamvis exæquet mentula palmas
  Nostra duas, libras contineatque decem,
Esse tamen minimam queritur, dicitque pusillam
  Lux mea ; nil, cunno cum tenet, esse putat.
Vix celare queunt navalia lintea membrum,
  Quo viso tutus furibus hortus erit.
Me miserum, tanta est, et tanti ponderis adstat,
  Ut tres a populo dicar habere pedes.
Hæc mihi quid prodest? nostram non supplet amicam,
  Rem tantam tenuem dicit et esse brevem.
Sarciat immensum, cæcum et sine fine barathrum,
  Funeque difficili terque quaterque liget.
Aut petat hæc alium, membrum non tale videbit,
  Taleque non cœlum, tale nec orbis habet.
Efficite, faciles Superi, nam cuncta potestis,
  Me totum penem, dicat ut illa sat est.

VII

A AURISPA, TOUCHANT LA VULVE D'URSA

QUEL sera le moyen, ô savant homme, que la vulve vorace
D'Ursa cesse d'engloutir jusqu'à mes testicules?
Quel moyen que cette sangsue ne suce toute ma cuisse,
Et ne me suce ensuite jusqu'à mon ventre?
Rétrécis-la, Aurispa, n'importe comment,
Ou pour sûr je vais faire naufrage dans sa vulve (1).

---

(1) *Pacificus Maximus* se plaint de même :

Que direz-vous? quoique ma mentule égale
Deux palmes, et pèse une dizaine de livres,
Ma maîtresse se plaint qu'elle soit toute petite,
Et quand elle l'a dans le χον, prétend n'y avoir rien.
Les voiles d'un navire pourraient à peine cacher ce mât,
Et en l'exhibant un jardin serait à l'abri des voleurs.
Malheureux! elle est si grosse, d'un poids si formidable,
Que dans le peuple je passerais pour avoir trois jambes.
Mais à quoi me sert la mienne? elle ne suffit à ma mignonne;
Une si grosse affaire, elle la prétend mince et courte.
Qu'elle se bouche donc son immense et aveugle baratre sans fond,
Et le couse trois et quatre fois d'un fil bien serré,
Ou qu'elle en prenne un autre, elle ne verra pas pareil membre :
Le ciel n'en possède point, ni la terre non plus,
Faites, ô Dieux bienveillants, car vous pouvez toutes choses,
Que je sois tout en pénis, pour qu'elle dise : « Assez! »
  (*Hecatelegium*, livre V, élégie III. Paris, Liseux, 1889).

VIII

AURISPÆ RESPONSIO

Sɪ *semper tantus spiraret in æquore fœtor,*
     Neminis ut nasus littora ferre queat,
Quis vel in Adriaco, Scythico quis navita posset,
     Aut in Tyrrheno naufragus esse mari ?
Et tu ne timeas; nam cum magis arrigis Ursæ,
     Cumve magis cupias, vulva repellet olens.
Hæc flat ita horrendum, quod pingue et putre cadaver
     Ursæ cum cunno lilia pulcra foret.
Hæc flat ita, ut, merdis si quisquam conferat inguen,
     Sit violæ et suaves multa cloaca rosæ.
Sin tuus hunc talem non horret nasus odorem,
     Ut sit tunc vulva strictior Ursa dabo.

IX

AD URSAM FLENTEM

Qᴜɪᴅ *fles? en nitidos turbat tibi fletus ocellos !*
     Quid fles, o lacrymis Ursa decora tuis ?
Forte quod adversus te acciverit ira Camenas,
     Aut mihi quod tu sis non adamata putes ?

VIII

RÉPONSE D'AURISPA

Sɪ toujours soufflait sur l'onde une puanteur telle
Qu'aucun nez ne pourrait supporter le rivage,
Quel nautonier, dans la mer Adriatique ou Scythique
Ou dans la mer Tyrrhénienne irait faire naufrage?
N'aie donc pas peur; quand pour Ursa tu βανδες le plus fort,
Quand tu la désires plus, sa vulve odorante te repousse;
Elle pue si horriblement, qu'un gras et putréfié cadavre
Près de la vulve d'Ursa serait un beau lis.
Elle pue si fort que, si l'on compare son aine et un tas de μερδε,
Le cloaque se change en violettes et en suaves roses.
Si ton nez ne repousse pas une telle odeur,
Je tâcherai de rendre plus étroite la vulve d'Ursa.

IX

A URSA, QUI PLEURE

Tᴜ pleures? des larmes troublent tes yeux si purs!
Pourquoi pleures-tu, Ursa, qu'embellissent tes larmes?
Est-ce parce que la colère a excité contre toi mes Muses,
Ou que tu t'imagines ne plus être aimée de moi?

Crede mihi, mea lux, tantum te diligo, quantum
  Non magis ex animo quisquis amare queat.
Tu quoque me redamas. Dubium est, qui vincit
  Alter utram vincit, vincitur alter utra. [*amore,*
Cur igitur credis vitio qui ductus iniquo
  Inter nos rixam dissidiumque cupit?
Juro per has lacrymas et crura simillima lacti,
  Perque nates molles, et femur, Ursa, tuum,
Quod nunquam nisi quæ te laudent carmina feci;
  Sic sit versiculis gratia multa meis.
Ah pereat quæso tibi qui mendacia dixit!
  Ah pereat falsum qui tibi cunque refert!
Terge tuos fletus, sine te dissuavier, Ursa;
  Parce mihi, luctu torqueor ipse tuo.
Tandem siste tui lacrymas, curaque salutem,
  Namque ego te domina sospite sospes ero.

X

DE PŒNA INFERNALI, QUAM DAT URSA AUCTORI SUPERSTITI

Si calor et fœtor, stridor quoque sontibus umbris
  Sint apud infernos ultima pœna locos,
Ipse ego Tartareas, dum vivo, perfero pœnas,
  Id mihi supplicium suggerit Ursa triplex.
Nam sibi merdivomum stridit resonatque foramen,
  Fervet et Ursa femur, putet et Ursa pedes.

Crois-moi, ma lumière; je t'aime tant, je t'aime tant,
Que nul, du fond du cœur, ne peut aimer davantage.
Toi aussi tu m'aimes, et, dans notre amour, on doute
Que l'un surpasse l'autre, ou celui-ci le premier.
Pourquoi crois-tu qui, poussé par un mauvais penchant,
Sème entre nous querelle et désunion?
Je le jure par tes larmes, par tes cuisses blanches comme lait,
Par tes fesses moelleuses, par ton entre-cuisses, Ursa:
Je n'ai jamais écrit de poèmes qu'à ta louange,
Et c'est pourquoi mes petits vers ont tant de grâce.
Ah! périsse celui qui t'a dit des mensonges!
Ah! périsse quiconque te rapporte des faussetés!
Essuie tes larmes, souffre que je te baise, Ursa;
Épargne-moi, ta tristesse me torture.
Mets fin à tes sanglots, songe à ta santé:
Si ma maîtresse se porte bien, je me porterai bien aussi.

X

DU SUPPLICE INFERNAL QU'INFLIGE URSA A L'AUTEUR SURVIVANT

Si chaleur, puanteur, grincement, des ombres criminelles
Sont, dans les lieux infernaux, le dernier supplice,
Tout vivant je subis les peines du Tartare,
Et Ursa m'inflige le triple supplice,
Car son trou merdiflue grince et tonne,
D'Ursa la cuisse est brûlante, et Ursa pue des pieds.

XI

IN HODUM MORDACEM

QUOD *genium versusque meos relegisve probasve,*
   Gratum est; quod mores arguis, Hode, queror.
Crede velim nostra vitam distare papyro :
   Si mea charta procax, mens sine labe mea est.
Delicias pedibus celebres clausere poetæ,
   Ac ego Nasones Virgiliosque sequor.

XII

EPITAPHIUM ERASMI BIBERII EBRII

QUI *legis, Erasmi sunt contumulata Biberi*
   Ossa sub hoc sicco non requieta loco.
Eripe, vel saltem vino consperge cadaver.
   Eripe; sic quæso sint rata quæque voles.
Ossa sub œnophoro posthac erepta madenti
   Conde, natent temeto fac; requietus ero.

XI

CONTRE LE MÉDISANT HODUS

QUE tu loues mon génie, que tu relises et approuves mes vers,
J'en suis aise; que tu incrimines mes mœurs, je m'en plains.
Crois-moi, Hodus, ma vie est bien différente de ce papier;
Si mon livre est lubrique, mon esprit est sans tache.
D'illustres poètes ont mis en vers des badinages,
Je suis les traces des Nason et des Virgile.

XII

ÉPITAPHE D'ÉRASMUS BIBERIUS, IVROGNE

TOI qui lis ceci, dans ce sable aride sont inhumés
Les os encore sans repos d'Érasmus Biberius.
Enlève-les, ou du moins asperge de vin le cadavre;
Enlève-les, et qu'ainsi s'accomplissent tous tes vœux.
Puis enferme-les dans une cruche pleine de vin,
Qu'ils nagent dans le moût : alors je reposerai.

XIII

AD AMICUM CARUM, QUOD SUI CAUSA PISTORIUM

SE CONFERAT

SALVE, *vir populo spes certa et maxima Tusco,*
    Salve, præclaros inter habende viros,
Salve, qui, longos si sis provectus in annos,
    Tempora Phœbea virgine cincta feres.
Accipe si sileam tibi rem fortassis emendam,
    Quæque animo nil non sit placitura tuo.
Nuper apud molles Senas fit pestifer acr,
    Quo fit, ut ipse petam Pistoriense solum.
Sunt aliæ Etruriis potiores montibus urbes,
    Sed tu non alios incolis ipse locos.
Sis modo Pistorii, Romam vidisse fatebor,
    Cum magis illa armis floruit aucta suis.
Interea pathicam mihi, dulcis amice, puellam
    Delige, quæ vernas exspuat ore rosas ;
Neve sit exiguus toto sub corpore nævus,
    Sit quoque cui tenerum spiret amoma femur,
Digna sit affectu, suavem quæ novit amorem,
    Quæ velit et flammis reddere grata vices,
Mersilis in vitium, vivens in amore jocove,
    Præque proco cupiat postposuisse colos,

XIII

A UN CHER AMI, AFIN QUE, POUR SA SANTÉ,
IL SE RÉFUGIE A PISTOIE

Salut, toi le plus grand, le plus certain espoir de la Toscane,
Salut, toi qu'on doit mettre au rang des plus illustres,
Salut, toi qui, si tu parviens à un âge avancé,
Aura les tempes ceintes du laurier Phœbéen,
Accepte, si j'oublie chose que peut-être tu souhaites,
Les vœux qui sont pour plaire le plus à ton cœur.
Récemment, sur l'indolente Sienne souffla un vent de peste,
D'où vint que je me transportai à Pistoie.
Dans les monts d'Étrurie, il est de plus nobles villes,
Mais toi-même n'habites point d'autres régions.
Viens à Pistoie, et je croirai avoir vu Rome
Quand elle florissait, agrandie par ses armes.
Mais, doux ami, choisis pour moi une fille
Complaisante, dont la bouche exhale les roses printanières,
Qui n'offre sur tout son corps pas la moindre tache
Et dont la cuisse blanche ait une odeur de parfum.
Digne d'affection, ayant connu le tendre amour,
Qu'avec plaisir elle veuille rendre flamme pour flamme ;
Encline au vice, vivant dans l'amour et la joie,
Quand l'amant vient, qu'elle aime à quitter la quenouille ;

Divitibus vates, præponat carmina gazis,
*　　Sit pro versiculo vilis arena Tagi,*
Denique sit pro qua sic possim dicere vere,
*　　Pace Dei dicam, pulcrior illa Deo est.*
Illam ego continuo nostris celebrabo Camenis,
*　　Carmina si placeant, carmina mille dabo.*
Quæ si pro numeris ferat oscula, carmina condam,
*　　Qualia Virgilium composuisse putes.*
Nec mihi Castalios latices petiisse necesse est,
*　　Sit mihi Castalius salsa saliva liquor.*
Hæc ego præstiterim, tu tantum quærito nympham,
*　　Quæ thiaso et cantu docta sit ante alias.*
Tandem perpetua salve mens digna salute,
*　　Cum tua nimirum sit mea pæne salus.*

XIV

AD SANSEVERINUM, UT VERSUS FACERE PERGAT

Sanseverine, *tuam legi bis terque Camenam,*
*　　Et placet, et nullo claudicat illa pede.*
Dii simulac facili præstant tibi pectora vena,
*　　Hortor Pierios condere perge modos.*
Res sane egregia est, mortalia fingit et ornat
*　　Pectora, post obitum miscet et illa Deis.*
Tu duce me actutum vises Parnassea Tempe,
*　　Deque sacro pleno pectore fonte bibes.*

Qu'aux riches elle préfère les poètes et, aux robes, des vers,
Qu'au prix d'un vers soit vil pour elle le sable du Tage;
Enfin, qu'elle soit telle que je puisse à bon droit dire,
Dieu me pardonne! elle est plus belle qu'un Dieu.
Celle-là, sans relâche je la célébrerai dans mes chants ;
Si les poèmes lui plaisent, j'en composerai cent;
Si pour leur nombre elle offre autant de baisers, j'en ferai
De tels, que tu les croirais composés par Virgile,
Et je n'aurai pas besoin d'aller vers les flots de Castalie :
Sa salive salée sera pour moi l'onde Castalienne.
Voilà à quoi je m'engage ; toi, cherche-moi une nymphe
Qui au chant et à la danse soit habile entre toutes.
Enfin adieu, homme digne d'une perpétuelle santé,
Toi dont la vie est presque la moitié de la mienne.

XIV

A SANSEVERINO, POUR QU'IL SE HATE DE FAIRE DES VERS

Sanseverino, j'ai lu trois et quatre fois ta Muse :
Elle plaît, elle ne boite d'un pied ni de l'autre.
Puisque les Dieux t'ont accordé d'avoir une facile veine,
Hâte-toi, je t'y exhorte, d'assembler des rythmes Piériens.
C'est chose exquise; la poésie façonne et pare
Les corps des mortels et, après la mort, les réunit aux Dieux.
M'ayant pour guide, tu verras bientôt la Parnassienne Tempé,
Et de la source sacrée tu t'abreuveras à pleine gorge.

Nec te destituam, modo tu consortia vites
　Cum rudis atque hebetis, tum rudis atque hebetis.
Crassa quidem ruditas parvo te polluet usu,
　Inficietque tuos transitione sinus.

XV

IN MATTHIAM LUPIUM CLAUDUM

Lupius, *absposcis me rara Epigrammata Marci;*
Concedam, rectis passibus ipse veni.

XVI

IN EUNDEM GRAMMATICUM

Tres *habet arcana Matthias Lupius aula*
Discipulos; unus de tribus est famulus.

XVII

PRO M. SUCCINO AD MAURAM

Pulcrior *argento es, sed eris formosior auro,*
Si bona reddideris verba, benigne puer.

Je ne lâcherai point, pourvu que tu évites l'accointance
Tant de l'ignorant et du sot, que du sot et de l'ignorant.
L'épaisse ignorance t'encrasserait, si peu que tu la hantes,
Et par son seul contact infecterait ton cœur.

XV

CONTRE LE BOITEUX MATTHIAS LUPI

Lupi, tu me demandes les Épigrammes, si rares, de Martial :
Je veux bien ; mais viens toi-même sans boîter.

XVI

CONTRE LE MÊME GRAMMAIRIEN

Matthias Lupi dans une salle retirée détient
Trois élèves : l'un des trois est son valet.

XVII

A MAURA, EN FAVEUR DE M. SUCCINUS

Tu es plus beau que l'argent: tu seras plus beau que l'or,
Si tu donnes une réponse favorable, ô doux enfant.

Est pia vestra domus, fratres, germana, parentes:
Sis pariter mitis, si pia tota domus.
Est tua forma decens, mens sit quoque pulcra licebit;
Conveniant formæ reddita verba tuæ.
Conservare viros perituros regia res est;
Hæc nos cœlitibus res facit esse pares.
Ast ego Castalio deducam fonte Sorores,
Quæ formam et mores et tua facta canant.
Quid melius Musa tribuam? quid carmine majus?
Si potius quid sit carmine, posce: dabo
Quem sacri vates voluere, est fama perennis;
Tu quoque, ni fallor, carmine clarus eris.
Namque ego doctiloquo vivaces carmine reddam
Semper amicitias, sit modo vita, pias.
Quippe boni de te capient exempla minores,
Gaudebunt actus sæpe referre tuos.
Lux mea, Maura, vale, tibi meque meamque Thaliam
Dedo, velis uti, lux mea, Maura, vale.

XVIII

PRO M. SUCCINO ORAT, ET UT SPERET DE L. MAURA

EXHORTATUR

Dii faciles incepta precor, Succine, secundent,
Cum puero fautrix sit Cytherea suo,
Ut responsa hilari sint convenientia formæ,
Et reddat pulcher verbula pulcra puer.

Toute votre maison est pieuse : frères, sœur, père, mère :
Sois d'aussi bon vouloir que la maison est pieuse.

Ta beauté est gracieuse, que ton caractère soit aussi doux,
Et que ta réponse soit conforme à ta beauté.

Sauver la vie à qui va périr est une vertu royale :
Elle nous fait les égaux des hôtes du ciel.

Moi, de la source Castalienne, j'amènerai les neuf Sœurs,
Qui chanteront ta beauté, tes mœurs et tes vertus.

Que t'offrir de mieux que les Muses ? de meilleur qu'un chant ?
Mais si tu préfères autre chose, demande, je te l'accorde.

Celui que veulent les poètes sacrés est immortel,
Et, si je ne me trompe, des vers te rendront illustre,
Car dans un docte chant je rendrai impérissable
A jamais, pourvu que je vive, nos amitiés saintes.

Sur toi prendront exemple les jeunes de cœur honnête ;
Ils se réjouiront de se rappeler tes vertus.

O ma lumière, Maura, porte-toi bien ; je te donne
Ma Muse et moi ; prends-les. Maura, ma lumière, adieu.

XVIII

L'AUTEUR SUPPLIE EN FAVEUR DE M. SUCCINUS ET L'EXHORTE
A TOUT ESPÉRER DE L. MAURA

QUE les Dieux tutélaires, Succinus, secondent tes projets,
Et qu'avec son enfant t'assiste Cythérée,
Pour que la réponse soit conforme à la gracieuse beauté
Et que le plaisant garçon parle de façon plaisante.

Est pia tota domus, fratres, germana, parentes,
  Nescio quin speres, si pia tota domus.
Ipse pios longe superat pietate propinquos;
  Nescio cur patri Maura sit absimilis.

XIX

IN MATTHIAM LUPIUM

Lupius *in pueros, si quis screat, intonat; idem*
  Dum comedit, pedit; cum satur est, vomitat.

XX

IN LENTULUM MOLLEM

Si *neque tu futuis viduas, neque, Lentule, nuptas,*
  Si tibi nec meretrix, nec tibi virgo placet,
Si dicas, quod sis calidus magnusque fututor,
  Scire velim, mollis Lentule, quid futuas?

XXI

EPITAPHIUM MARTINI POLYPHEMI, COCI EGREGII

Siste, *precor, lacrymisque meum consperge sepulcrum,*
  Hac quicunque studens forte tenebis iter.

Toute la maison est pieuse : frères, sœur, père et mère.
Que n'espérerais-tu pas, si toute la maison est pieuse?
Lui-même par sa piété dépasse de loin ses proches :
Je ne sais pourquoi Maura ne ressemblerait pas à son père.

XIX

CONTRE MATTHIAS LUPI

Si l'un de ses élèves crache, Lupi gronde ; lui-même,
Quand il mange, pète, et quand il est plein, vomit.

XX

CONTRE L'IMPUR LENTULUS

Si tu ne besognes, Lentulus, ni veuves ni femmes mariées,
Si ne te plaît ni putain ni pucelle,
Et que tu affirmes être un chaud et grand fututeur,
Je voudrais savoir, impur Lentulus, qui tu besognes?

XXI

ÉPITAPHE DE MARTIN POLYPHÈME, CUISINIER FAMEUX

Arrête-toi, je t'en prie, et arrose de pleurs mon sépulcre,
Qui que tu sois qui viendrais à passer par ici.

Sum Polyphemus ego, vasto pro corpore dictus,
  Martinus proprio nomine notus eram,
Qui juvenes studiis devotos semper amavi,
  Quem liquet et famulos et superasse coquos.
Nunc ego funebri tandem spoliatus honore,
  Thure carens summa sum tumulatus humo.
Me Mathesilanus tempesta in nocte recondi
  Jussit, et exequias luce carere meas.
Nec cruce nec cantu celebravit nostra sacerdos
  Funera, nec requies ultima dicta mihi,
Clamque fui sacco latitans raptimque sepultus,
  Nec capiunt coleos arcta sepulcra meos.
Dum feror obstupui, timuique subire latrinas,
  Nec loca crediderim religiosa dari.
Oro pedem adjectâ claudas tellure parumper,
  Qui patet, heu vereor ne lanient catuli.
Continuo domini complebo ululatibus ædem
  Infaustis, pœnas has dabit ipse suas.

XXII

LAUS AURISPÆ AD COSMUM

Si quis erit priscis æquandus, Cosme, poetis,
  Et si cui Phœbus Pieridesque favent,
Si quis cum loquitur vel splendida facta reponit,
  Mercurium jures ejus ab ore loqui,

Je suis Polyphème, surnommé ainsi pour mon grand corps ;
J'étais connu sous le nom propre de Martin.
Moi qui toujours aimai les jeunes gens studieux,
Moi qui surpassai valets et cuisiniers,
Maintenant, privé de tout honneur funèbre,
Privé du dernier encens ! je suis enseveli sous terre.
Mathesilanus, par une nuit noire, me fit enfouir,
Et voulut que mes obsèques fussent privées de lumière.
Ni avec la croix ni avec un chant le prêtre ne célébra
Mes funérailles ; le suprême *Requiem* ne fut pas dit pour moi.
En secret, furtivement, je fus roulé dans un sac
Et le sépulcre étroit laisse en dehors mes κουλλες.
Pendant qu'on me portait, je frémis, redoutant les latrines ;
Je n'aurais pas cru être inhumé en terre bénite.
Couvre, je t'en prie, d'un peu de terre mon pied ;
Il sort de terre, et j'ai peur que les chiens le mangent.
Sans trêve je remplirai le logis de mon maître
De cris funestes : il recevra du moins ce châtiment.

XXII

ÉLOGE D'AURISPA, A COSME

S'IL est un homme, Cosme, qui égale les poètes anciens,
S'il en est un que favorisent Phœbus et les Piérides,
S'il en est un, qu'il parle ou qu'il chante les hauts faits,
Dont tu jurerais que Mercure parle par sa bouche,

Quive alios laudet, cum sit laudabilis ipse,
  Quive hedera merito tempora nexa ferat,
Si quis erit linguæ doctus Grajæ atque Latinæ,
  Si non Aurispa est hic, periisse velim.
Quisquis in hoc mecum non senserit, arbiter æquus
  Non fuit, aut certe Zoilus ille fuit.

XXIII

AD GALEAZ, QUEM ORAT UT SIBI CATULLUM
INVENIAT

*A*RDEO, *mi Galeaz, mollem reperire Catullum,*
  Ut possim dominæ moriger esse meæ.
Lectitat illa libens teneros lasciva poetas,
  Et præfert numeros, docte Catulle, tuos.
Nuper et hos abs me multa prece blanda poposcit,
  Forte suum vatem me penes esse putans.
« Non teneo hunc, » dixi, « mea lux, mea nympha,
    libellum;
  » Id tamen efficiam, forsan habebis opus. »
Instat, et omnino librum me poscit amicum,
  Et mecum gravibus nunc agit illa minis.
Quare ego per Superos omnes, o care sodalis,
  Sic precibus lenis sit Cytherea tuis,
Te precor atque iterum precor, id mihi quære libelli,
  Quo fiam nostræ gratior ipse deæ.

Qui loue les autres, lui qui mérite toutes louanges,
Et dont les tempes sont à bon droit ceintes de lierre,
S'il est un docte en langues Grecque et Latine,
Et que ce ne soit pas Aurispa, puissé-je mourir !
Quiconque ne sera point de mon avis n'est pas
Un juge équitable, ou bien c'est un Zoïle.

XXIII

A GALÉAZ, QU'IL PRIE DE LUI PROCURER UN CATULLE

Je brûle, mon Galéaz, de trouver un tendre Catulle,
Afin de pouvoir être agréable à ma maîtresse.
Lascive, elle lit volontiers les tendres poètes,
Et préfère à tous les mètres les tiens, docte Catulle.
Dernièrement, d'une voix caressante, elle me les demanda,
Croyant sans doute que je possédais son poète.
« Je n'ai pas ce livre, » lui dis-je, « mon soleil, ma nymphe,
» Mais je ferai tant que peut-être l'auras-tu. »
Elle insiste, formellement requiert de moi le poète favori,
Et maintenant me poursuit de graves menaces.
C'est pourquoi, par tous les Dieux d'en haut, cher ami,
Et qu'ainsi soit Cythérée à tes prières favorable !
Je t'en prie et t'en supplie, cherche-moi ce volume,
Pour que je sois plus en grâce près de ma déesse.

XXIV

MATTHIÆ LUPII SENTENTIA AD BALBUM

BALBE, *scias calidi quæ sit sententia Lupi,*
  Quam modo versiculis prosequar ipse meis :
« *Si sæpe efflictum cupiat mea mentula cunnum,*
  » *Interdum adfectet cruscula cauda salax,*
» *Non tamen usque adeo delira aut plena libido est,*
  » *Ut popisma* (1) *palam cumve cohorte rogem.*
» *Nolim cum populo compædicare Jacinthum,*
  » *Cum multis ipsam non Helenem futuam.* »
Sic ait ; id digito dictum tibi, Balbe, ligato,
  Et clam pædico clamve fututor agas.

---

(1) Popisma *dicere videtur vilem et quadrantariam* lupam, *quæ poppysmate, id est vel sibilo labiis, vel plausu manibus edito, et alliciat, et alliciatur. Aliena videntur* poppysmata cunni *apud Martialem, VII, 17 :*

Accessi quoties ad opus mistisque movemur
  Inguinibus, cunnus non tacet, ipsa taces.
Di facerent, ut tu loquereris et ipse taceret!
  Offendor cunni garrulitate tui.
Pedere te mallem ; namque hoc nec inutile dicit
  Symmachus, et risum res movet ista simul.
Quis ridere potest fatui poppysmata cunni ?
  Cum sonat hic, cui non mentula mensque cadit ?
Dic aliquid saltem, clamosoque obstrepe cunno,
  Et si adeo muta es, disce vel inde loqui.

XXIV

SENTENCE DE MATTHIAS LUPI; A BALBO

Balbo, sache quelle est la sentence du paillard Lupi;
Je vais te l'exposer en ces miens vers :
« Si ma mentule souvent désire un vagin bien frayé,
» Parfois aussi ma queue lascive a faim d'un gigot.
» Mais mon envie n'est pourtant pas si folle et enragée,
» Qu'en public, parmi la foule, j'appelle une vesse (1).
» Je ne voudrais pas pédiquer Narcisse avec le populaire,
» Je ne besognerais pas même Hélène avec tout le monde. »
Ainsi parla-t-il. Que cela te soit dit, Balbo, sans lever le doigt,
Et sois donc en secret ou pédicon ou fututeur.

---

(1) *Popisma* (vesse) se dit d'une infime prostituée, à vil prix, que l'on appelle ou qui vous appelle en sifflant des lèvres ou en cliquetant du doigt. Autres sont les *poppysmata cunni* dont parle Martial, VII, 17 :

Chaque fois que je me mets à l'œuvre et que nous remuons nos cuisses
Entrelacées, tu te tais, mais ton pertuis ne se tait pas.
Fassent les Dieux que tu parles et qu'il se taise !
Cette loquacité de ton pertuis m'offense.
J'aimerais mieux t'entendre péter; cela n'est pas inutile,
Dit Symmaque, et même un pet provoque le rire.
Qui peut rire des vesses d'une vulve bavarde?
Quand elle résonne, à qui ne tomberait et mentule et caprice?
Dis donc quelque chose et fais taire ce κον bruyant,
Ou, si tu es muette, apprends de lui à parler.

13

XXV

AD MEMMUM DE PARTU LUCIÆ NYMPHÆ

Cum *modo per dominæ vicum mihi transitus esset,*
Hæc ego pro nympha parturiente precor :
« *Nunc age, nunc, Lucina, meæ succurre puellæ,*
» *Quæ parit, atque aliquem jam paritura deum est.*
» *Ah dolor, en clamat supplex tua numina poscens,*
» *Vocibus et lacrymas addit amara suis.*
» *In me, Dii, luctum dominæ transferre velitis,*
» *Etsi me miserum non minor angor habet.*
» *Quid cessas? est, Diva, tibi laus maxima, si tres*
» *Incolumi nympha restituisse potes.*
» *Hei mihi, ne Superi, si in te mala forte rogarim,*
» *Audierint, votis et cruciere meis.*
» *Parcite moratam, Superi, læsisse puellam,*
» *Et facite, ut veniant in caput illa meum.*
» *Quin vereor, neu te dudum Venus effera vexet,*
» *Sicque tua pœnas impietate luas.*
» *Cernis ut ultricem durum est offendere Divam;*
» *Ergo tuo mitis sis facilisque proco.*
» *Quid tardas, Lucina? veni faustissima nymphæ,*
» *Lenis io nymphæ prospera Diva veni.*
» *Postmodo solemnes certe tibi construet aras,*
» *Imponetque tuis menstrua thura focis.* »

XXV

A MEMMO, TOUCHANT L'ACCOUCHEMENT
DE LA NYMPHE LUCIA

Comme je passais dernièrement par la rue de ma mie,
Je fis cette prière pour la nymphe en mal d'enfant :
« Vite, ô Lucine, vite viens au secours de ma mignonne;
» Elle accouche, elle va mettre au monde quelque dieu.
» O douleur! elle crie, suppliante, et t'invoque,
» A ses cris elle mêle des larmes amères.
» O Dieux! veuillez me transférer les souffrances de ma mie,
» Quoiqu'une non moindre angoisse, malheureux, me torture.
» Que ne viens-tu? ce sera ta plus grande gloire, ô Déesse,
» En sauvant ma nymphe, de conserver trois êtres.
» Hélas! si je te maudis, je crains que les Dieux
» M'entendent et soient courroucés de mes vœux.
» Abstenez-vous, Dieux, de punir la Déesse en retard,
» Et faites que tous les maux tombent sur ma tête.
» Je crains aussi que bientôt Vénus furieuse te maltraite,
» Et que tu portes la peine de ton peu de pitié.
» Tu sais combien il est dur d'offenser la vindicative Déesse,
» Sois donc clémente et favorable à ton amoureux.
» Que tardes-tu, Lucine? viens, propice à ma nymphe,
» Secourable à ma nymphe, bonne Déesse, viens.
» Pour sûr, après, elle t'élèvera de riches autels
» Et tous les mois ira brûler l'encens à ton foyer. »

Hæc ego, sed quoniam Dea sit tibi promptior, oro,
Ipse tuas præstes, splendide Memme, preces.
Nil dubito, quin flore dato votisque peractis
Exsolvet partus molliter illa suos.

XXVI

DE SUO OCCULTO AMORE

U ROR, *et occultæ rodunt præcordia flammæ:*
O ego si sileam terque quaterque miser!

XXVII

IN MATTHIAM LUPIUM, VIRUM IGNAVUM

A ONIA *rediens Matthias Lupius ora*
Castalidum steriles nunciat esse lacus,
Et siccas laurus, nullam et superesse puellam,
Singula contatus comperit esse nihil.
Impuri nequeunt oculi spectare Sorores,
Scilicet ignavis Pegasis unda latet.

Ainsi je priai; mais si pour toi la Déesse est plus prompte,
Je t'en conjure, splendide Memmo, adresse-lui tes prières :
Je ne doute pas que, tes fleurs offertes et tes vœux achevés,
La nymphe ne soit délivrée sans souffrance.

XXVI

D'UN SIEN AMOUR SECRET

Je brûle, et de secrètes flammes me rongent le cœur :
Oh! si je me taisais, trois et quatre fois plus malheureux!

XXVII

A MATTHIAS LUPI, HOMME PARESSEUX

Matthias Lupi, revenant des contrées Aoniennes,
Déclare que le lac des Castalides est tari,
Que les lauriers sont desséchés, qu'il ne reste pas une Muse;
Tout bien scruté, il est sûr qu'il n'y a plus rien :
Les yeux impurs ne peuvent contempler les Sœurs,
Et pour les fainéants l'onde Pégasienne se cache.

XXVIII

PRO CENTIO AD CONTEM, UT EX RURE REDEAT

Centius *hanc vidua tibi mittit ab urbe salutem,*
  Lux mea, mi Contes, dimidiumque animæ.
Quid mihi lætitiæ superest, ubi rura petisti?
  Spiritus est membris visus abire meis.
Id mihi lætitiæ tantum est, puer urbe remansit,
  Inque suos vultus conspicor ipse tuos.
Ne fuge, care puer, sine te, germane, videri,
  Dumque agit in sylva, ne fuge, care puer.
Plura velim, sed plura loqui dolor impedit : ergo,
  Vivere si cupias me, cito rure redi.

XXIX

AD LEUTIUM FŒNERATOREM, UT PLAUTUM

COMMISSUM HABEAT

Hunc *tibi quam possum Plautum commendo,*
  Leuti,
  Plautum, quem vocitat lingua Latina patrem.
Haud de te modicum, vates, aboleverat ætas,
  Te modo pernicies altera fœnus edit.

XXVIII

A CONTE, POUR CENCI, AFIN QU'IL REVIENNE
DE LA CAMPAGNE

De cette ville, veuve de toi, Cenci t'envoie son salut,
Mon cher Conte, ma lumière et la moitié de mon âme.
Que me reste-t-il de joie, depuis que tu es aux champs?
Il me semble que mon âme a déserté mes membres.
Mon seul bonheur, c'est que l'enfant soit resté à la ville,
Et qu'en son visage je retrouve le tien.
Ne t'en va pas, cher enfant, laisse-toi voir, toi, son frère;
Pendant qu'il court les bois, ne t'en va pas, cher enfant.
Je voudrais en dire plus, mais la douleur m'empêche;
Si tu veux que je vive, reviens vite des champs.

XXIX

A LEUTIUS, PRÊTEUR SUR GAGES, EN LUI CONFIANT
UN EXEMPLAIRE DE PLAUTE

Autant que je puis, Leutius, je te recommande ce Plaute,
Plaute, que la langue Latine appelle son père.
Le temps, ô poète, t'avait en grande partie détruit :
Une autre peste, l'usure, te ronge à son tour.

XXX

EPITAPHIUM NICHINÆ FLANDRENSIS, SCORTI
EGREGII

SI steteris paulum, versus et legeris istos,
  Hac gnosces meretrix quæ tumulatur humo.
Rapta fui e patria teneris pulchella sub annis,
  Mota proci lacrymis, mota proci precibus.
Flandria me genuit, totum peragravimus orbem,
  Tandem me placidæ continuere Senæ.
Nomen erat, nomen notum, Nichina; lupanar
  Incolui, fulgor fornicis unus eram.
Pulcra decensque fui, redolens et mundior auro,
  Membra fuere mihi candidiora nive.
Quæ melior nec erat Senensi in fornice Thais
  Gnorit vibratas ulla movere nates.
Rapta viris tremula figebam basia lingua,
  Post etiam coitus oscula multa dabam.
Lectus erat multo et niveo centone refertus,
  Tergebat nervos officiosa manus.
Pelvis erat cellæ in medio, qua sæpe lavabar,
  Lambebat madidum blanda catella femur.
Nox erat, et juvenum me sollicitante caterva
  Substinui centum non satiata vices.
Dulcis, amœna fui, multis mea facta placebant,
  Sed præter pretium nil mihi dulce fuit.

XXX

ÉPITAPHE DE NICHINA, FLAMANDE, EXCELLENTE PUTAIN

Si tu t'arrêtes quelque peu et lis ces vers,
Tu sauras quelle est la courtisane inhumée dans ce tombeau.
Jeune fille, en mes tendres ans je quittai ma patrie,
Cédant aux larmes de mon amant, cédant à ses prières.
La Flandre m'engendra ; nous parcourûmes tout l'univers,
Enfin me reçut pour toujours la paisible Sienne.
Mon nom était Nichina, un nom fameux ; j'habitai
Le lupanar, je fus la splendeur du bordel.
J'étais jolie et décente, sentant bon, plus propre que l'or ;
Mes membres étaient plus blancs que la neige,
Et il n'y avait au bordel Siennois pas une Thaïs
Qui sût mieux que moi ρεμνερ λες φεσσες ;
D'une langue frétillante j'appliquais des baisers aux hommes,
Même après le coït je donnais encore maints baisers.
Mon lit était garni de nombreux linges blancs,
Et ma main officieuse essuyait les nerfs.
J'avais une vasque dans ma chambre ; je m'y lavais souvent,
Une gentille petite chienne léchait ma cuisse humide.
Une nuit que vint me solliciter une troupe de jeunes gens,
Je soutins, irrassasiée, une centaine d'assauts.
J'étais douce, agréable ; à tous plaisaient mes façons,
Mais à moi rien ne m'était plus doux que l'argent.

14

XXXI

CONQUERITUR, QUOD PROPTER PESTEM A DOMINA AMOTUS SIT

Q_UANDO *erit, ut Senas repetam dominamque revisam?*
Me miserum molli pestis ab urbe fugat.

XXXII

OPTAT PRO NICHINA DEFUNCTA

O_RO *tuum violas spiret, Nichina, sepulcrum,*
Sitque tuo cineri non onerosa silex.
Pieriæ cantent circum tua busta puellæ,
Et Phœbus lyricis mulceat ossa sonis.

XXXIII

LAUS COSMI, VIRI CLARISSIMI

C_OSME, *quis est Latiis vir felicissimus oris*
Conjugio, gazis, prole, parente, domo?

XXXI

L'AUTEUR SE PLAINT DE CE QUE, A CAUSE DE LA PESTE,
IL EST ÉLOIGNÉ DE SA MAITRESSE

QUAND sera-ce que je rentrerai à Sienne et reverrai ma mie?
Infortuné, la peste m'éloigne de la voluptueuse ville.

XXXII

IL FAIT DES VŒUX POUR NICHINA, DÉFUNTE

JE souhaite, Nichina, que ton sépulcre sente les violettes
Et que sur tes cendres ne pèse pas une lourde pierre;
Que les jeunes Piérides chantent autour de ta tombe
Et que Phœbus de ses lyriques accents réjouisse tes os.

XXXIII

ÉLOGE DE COSME, CITOYEN ILLUSTRE

COSME, en tout le Latium, qui rendent le plus heureux
Mariage, richesses, enfants, lignage, maison?

Quis patriæ spes est ? quis sanguine clarus avito ?
  Vates quis priscos servat, amatque novos ?
Pace quis Augustus, Cæsar quis Julius armis ?
  Quis fiet mira pro probitate Deus ?
Cosme, quis hic est ? aut certe tu, Cosme, vir hic es,
  Aut certe quis sit nescio. Cosmus, es hic.

XXXIV

AUCTORIS DISCIPULI VERSUS AD L. MAURAM,

QUOD NON SERVET PROMISSA

Cur *non, Maura, venis ? cur non promissa*
    fidemque
Solvis ? cur nullo pondere verba refers ?
Nam memini dixti nobis venientibus ex te :
  « *Ite alacres, cras hinc vos petiturus ero.* »
Cras venit, nec te aerea deducis ab arce,
  Cras it, nec tu nunc, perfide Maura, venis.
Quodsi nos flocci facias, et ludere jam fas
  Esse putas, noli spernere, Maura, Deos.
Maura Deos temnit, juravit numina Divum,
  Quod nos paganico viseret ipse solo.
Maura Deos temnit memores fandi atque nefandi,
  Spernit et ille viros, spernit et ille Deos.
O levior foliis, avium ventosior alis !
  Femineum et turpe est fallere sic alios.

Qui est l'espoir de la patrie? qui est illustre par ses aïeux?
Qui honore les anciens poètes et aime les nouveaux?
Qui, dans la paix, est Auguste, et, à la guerre, Jules César?
Qui, par son admirable probité, est devenu un Dieu?
Qui est-ce, Cosme? Certes, Cosme, tu es cet homme,
Ou j'ignore qui c'est. Cosme, c'est bien toi.

XXXIV

VERS D'UN DISCIPLE DE L'AUTEUR A L. MAURA, QUI N'A PAS TENU SES PROMESSES

POURQUOI, Maura, ne viens-tu pas? pourquoi ne tiens-tu
Foi ni serments? pourquoi des réponses sans poids aucun?
Tu nous as dit, je m'en souviens, quand nous fûmes vers toi,
« Partez joyeux, demain j'irai vous voir. »
Demain est venu et tu ne descendis point de l'aérien séjour;
Demain est parti et, perfide Maura, tu n'es pas encore arrivé.
Si tu fais fi de nous et penses qu'il t'est permis
De te moquer, crains, Maura, de mépriser les Dieux.
Maura craint les Dieux; il a attesté la puissance divine
Qu'il viendrait en personne nous voir à la campagne.
Maura craint les Dieux, qui se souviennent du bien et du mal,
Mais il méprise les hommes : il méprise aussi les Dieux.
O toi qui es plus léger que la feuille, que l'aile de l'oiseau,
Il est d'une femme, il est honteux de décevoir ainsi les gens.

Si te, Maura, juvat me fallere, falle, sed illum
 Carmine qui claret ludere, Maura, cave.
Tu vatem et nomen, verum non dogmata nosti ;
 Nosce, capesse cito, carmine doctus eris.
Non mercede docet quemquam, non indigus auro est,
 Virtutis solum motus amore docet.
Me docuit doctor doctissimus edere versus ;
 Perdidici, et nunc jam carmina nostra legis.

XXXV

AD LIBELLUM, NE DISCEDAT

*Q*UID *vis invito domino discedere ? quid vis*
 Quid te de nostra dejicit æde, liber ?
Quo fugis, infelix, degunt ubi mille Catones,
 Mille, quibus tantum seria lecta placent?
Cum censore, miser, rigido lædere, rubesces,
 Cumve minus poteris, læse, redire voles.
Vana tui quæso domini præsagia sunto,
 Sitque timor vanus : thusque piperque teges.
I, verum auctoris rogitet si nomina lector,
 Immemorem nostri nominis esse refer.

S'il te plaît de me tromper, trompe-moi, mais
Crains de blesser, Maura, un homme qu'illustrent ses vers.
Tu connais le poète et son nom, tu ignores ses préceptes;
Apprends-les, comprends-les, et tu deviendras docte en poésie.
Il n'enseigne point par lucre, il n'a pas besoin d'or,
Il n'enseigne que par amour pour la vertu :
Le très docte maître m'enseigna à faire des vers,
J'ai appris, et aujourd'hui tu lis de moi ce poème.

XXXV

A SON LIVRE, POUR QU'IL NE S'EN AILLE PAS

Pourquoi vouloir malgré ton maître t'en aller? Pourquoi?
Qui te chasse de la maison, ô mon livre?
Pourquoi vas-tu, malheureux, où vivent mille Catons,
Mille Catons à qui ne plaisent que des lectures sérieuses?
Près d'un rigide censeur, tu rougiras de mordre,
Et, mordu, tu voudras revenir quand tu ne le pourras plus.
Je souhaite que les présages de ton maître soient faux,
Et vaine sa crainte : tu envelopperas l'encens et le poivre.
Va donc; mais si le lecteur demande le nom du poète,
Dis que tu n'as point souvenance de mon nom.

XXXVI

CABALLUS FAME PERIENS DE LELPHO LUSCO DOMINO CONQUERITUR

Si qua tuus queritur, cupidissime Lelphe, caballus,
  Da veniam, macies cogit et alta fames.
Pulcer equus certe, velox pinguisque fuissem,
  Pectora quam sint et fortia et ampla vide,
Aptaque sint videas quam cetera membra peræque.
  Quod natura dedit, sumpsit avara manus.
Ah quotiens phaleris tectus fera bella subissem !
  Ah quotiens cursus præstitus esset honos !
Rodo nihil, rodit sed nostras inedia vires,
  Non etiam nostris dentibus herba datur.
Vix mihi dat noster paleas aliquando dominus,
  Barbariem metro barbarus ille dedit.
Turpe quidem dictu, sed cogit turpia fari
  Turpis herus, proprio stercore pascor ego.
Stercore pascor enim, sed stercore pascimur ambo,
  Nam tu ne comedas, non, vir avare, cacas,
Neve bibas etiam, non mejere, Lelphe, videris.
  Extitit, ut perhibent, dira Celæno (1) parens.
Sella carens lanis quæ fecerit ulcera dorso,
  Lusce, vides caudæ vulnera, Lusce, vides.

---

(1) Celæno una Harpyiarum.

XXXVI

UN CHEVAL QUI MEURT DE FAIM SE PLAINT DE LELFO LUSCO, SON MAITRE

Si ton cheval se plaint, vieux ladre de Lelfo,
Pardonne-lui, la maigreur et une faim extrême l'y forcent.
Certes, j'aurais été un beau cheval, rapide et tout en chair;
Vois combien mes flancs sont puissants et larges,
Vois comme tous mes membres sont bien conformés.
Ce que la nature me donna, une main avare me l'a ôté.
Ah! bardé de fer, que de furieuses batailles j'aurais affrontées!
Ah! que de fois j'aurais remporté le prix de la course!
Je ne ronge rien, mais l'inanition ronge mes forces.
A mes dents il n'est pas même donné de l'herbe,
A peine si parfois mon maître me donne de la paille :
Mais le barbare donne de la barbarie à mon vers (1).
C'est honteux à dire, mais il me force de le dire,
Mon infâme maître : je me nourris de mon crottin,
Je me nourris de crottin, mais nous en vivons tous deux,
Car, crainte de manger, avare maître, tu ne chies pas,
Et pour ne pas boire, Lelfo, tu ne pisses pas.
Ta mère, assure-t-on, fut l'horrible Céléno (2).
Les ulcères que m'a faits au dos une selle sans bourre,
Lusco, tu les vois; mes reins blessés, tu les vois, Lusco.

---

(1) Il y a, en effet, une faute de quantité dans le vers précédent, au mot *dominus*. (*N. du Trad.*)

(2) Une des Harpies.

Cur equitans aspris calcaribus ilia tundis,
    Si vix sat plane debilis ire queam?
Cur agilis vis dem crudelis in aera saltus,
    Tibia si nequeat lassa movere pedem?
Ipse quidem collo mallem vectare quadrigas,
    Degere quam miseri sub ditione viri.
Ocius affectem pistrino, Lelphe, dicari,
    Sub te funestam quam tolerare famem.
Vera quis hæc credat, nisi credunt vera molares?
    Ferrea sunt longa frena comesa fame.
Ordea cornipedi dulcis datur esca caballo,
    Sorbuit hos nunquam sed mea bucca cibos.
Vera loquar, verum quis possit credere ventrem
    Duntaxat vento vivere posse meum?
Est mihi, væ misero, macies incognita toto
    Corpore, et infractis artubus ossa sonant.
Sim licet informis, simque aridus, hoc mage malim,
    Quam Lelphus vacui pectoris esse velim.
Est Lelphus rationis inops et mentis egenus,
    Corpus ei ut sus trux efferitate riget.
Quum loquitur, boat ut bos, et flat putor ab ore,
    Ut dubius perstes, culus an os loquitur.
Quum ridet, fauces inhiant, ut asellus hiascens,
    Fit mihi de risu nausea sæpe suo.   *[heu heu*
Plura equidem quererer, quoniam sunt plura, sed
    Lingua loqui plus nunc debilitata nequit.
Jam morior; socii, stabulum, præsepe, valete.
    Me miserum, videor debilitate mori.

Pourquoi, à cheval, me déchires-tu les flancs de durs éperons,
Quand, faible comme je suis, à peine puis-je marcher?
Pourquoi veux-tu, cruel, que je fasse en l'air des bonds légers,
Quand mon tibia fourbu ne peut soulever le pied?
J'aimerais mieux, du cou, traîner des charrettes,
Que vivre sous la dépendance d'un si triste maître.
J'aimerais mieux, Lelfo, être au service d'un meunier,
Que supporter chez toi une si pénible faim.
Qui croirait que je dis vrai, si mes dents n'en croient rien?
Mon frein d'acier, je l'ai mangé durant une longue famine.
On donne au cheval de l'orge, savoureuse nourriture :
Ma bouche jamais ne connut telle provende.
Je dis la vérité, mais qui donc croira vrai
Que mon ventre puisse se nourrir de vent?
Infâme! tout mon corps est d'une maigreur
Inconnue, et par leurs jointures brisées mes os résonnent.
Je suis bien laid, je suis bien sec, pourtant j'aime mieux cela
Que d'être un Lelfo, à la poitrine vide.
Lelfo manque de raison, Lelfo manque de cervelle,
Son corps se hérisse de sauvagerie comme celui d'un sanglier.
Lorsqu'il parle, il meugle comme un bœuf et pue de la bouche
Au point qu'on doute si c'est un cul ou une bouche qui parle.
Lorsqu'il rit, sa gorge est béante, comme d'un âne qui bâille,
Si bien que son rire provoque chez moi la nausée.
Je me plaindrais plus encore, j'en ai bien sujet, mais, hélas!
Ma langue débilitée ne peut parler davantage.
Je me meurs; camarades, écurie, enclos, adieu!
Infortuné, je me vois mourir d'inanition.

Vos procul ite, feræ, procul hinc vos ite, volucres :
    Quo ruitis, modo vos pellis et ossa manent.
· *Plaudite, nam Lelphum Luscum mandetis avarum,*
    Ille crucis pœnas, furcifer ille, dabit.

XXXVII

AD LIBELLUM, UT FLORENTINUM LUPANAR ADEAT

S<small>I</small> *domini monitus parvi facis, i, fuge, verum*
    Florentina petas mœnia, parve liber.
Est locus in media, quem tu pete, festus in urbe,
    Quove locum possis gnoscere, signa dabo.
Alta Reparatæ scitare palatia Divæ,
    Aut posce agnigeri splendida templa Dei.
Heic fueris, dextram teneas, paulumque profectus
    Siste, Vetusque petas, fesse libelle, Forum.
Heic prope meta viæ est, heic est geniale lupanar,
    Qui sua signa suo spirat odore locus.
Huc ineas, ex me lenasque lupasque saluta,
    A quibus in molli suscipiere sinu.
Occurret tibi flava Helene, dulcisque Mathildis,
    Docta agitare suas illa vel illa nates.
Te viset Jannecia, sua comitante catella :
    Blanda canis dominæ est, est hera blanda viris.
Mox veniet nudis et pictis Clodia mammis,
    Clodia blanditiis grata puella suis.

Allez-vous-en, bêtes sauvages ; allez-vous-en, oiseaux de proie :
Où vous vous ruez, il n'y a pour vous que la peau et les os.
Mais battez de l'aile ; vous mangerez l'avare Lelfo Lusco :
Le scélérat subira le supplice du gibet.

XXXVII

A SON LIVRE, POUR QU'IL AILLE AU LUPANAR
DE FLORENCE

Si tu fais fi du vœu de ton maître, va, cours, mais
Gagne les murs de Florence, ô mon petit livre.
Il est, au milieu de la ville où tu vas, un endroit joyeux,
Et pour que tu puisses le reconnaître, je te l'indiquerai.
Demande où est la haute église de Santa-Reparata,
Ou la splendide cathédrale du Dieu qui porte l'agneau.
Quand tu y seras, prends à droite, chemine un peu,
Puis arrête-toi et, fatigué, demande le Marché-Vieux.
Là est le terme de ta route, là est le génial lupanar :
L'endroit par son odeur se révèle de lui-même.
Entre, salue pour moi maquerelles et putains ;
Sur leur tendre sein elles t'attireront toutes.
Vers toi accourront la blonde Elena, la douce Matilda,
Habiles l'une et l'autre à ρεμυερ λες φεσσες.
Viendra te voir Gianetta, suivie de sa chienne :
La chienne aime sa maîtresse, et celle-ci les hommes.
Vite viendra Clodia, aux seins nus et fardés,
Clodia, jeune beauté charmante par ses caresses ;

Galla tuo peni vel cunno, nam tibi uterque est,
  Injiciet nullo tacta rubore manus,
Annaque Theutonico tibi se dabit obvia cantu :
  Dum canit Anna, recens afflat ab ore merum.
Te quoque conveniet crissatrix maxima Pitho,
  Qua cum deliciæ fornicis Ursa venit,
Teque salutatum transmittit Thaida vicus
  Proximus, occiso de bove nomen habens.
Denique tam celebri scortorum quidquid in urbe est
  Te petet, adventu læta caterva tuo.
Heic obscena loqui, simul et patrare licebit,
  Nec tinget vultus ulla repulsa tuos.
Heic quod et ipse potens, quod et ipse diutius optas,
  Quantum vis futues et futuere, liber.

XXXVIII

AD COSMUM DE LIBRI FINE ET DEDICATIONE

Cosme, *vale, vatum spes et tutela novorum,*
  Jamque suos fines Hermaphroditus habet.
Cum nequeat majus, nam turbant otia curæ,
  Hoc tibi quodcunque est devovet auctor opus.

Sur ta vulve ou sur ton membre, car tu as l'un et l'autre,
Galla, sans aucune rougeur, portera sa main.
Anna viendra vers toi en chantant une chanson Allemande :
Quand Anna chante, sa bouche sent le vin frais.
Vers toi viendra aussi la grande crissatrice Pitho
Et, avec elle, Ursa, délices du bordel.
Pour te saluer, Thaïs traverse la rue voisine,
La rue qui d'un bœuf immolé tire son nom.
Enfin, de tout ce qu'il y a de putains dans cette noble ville
Le troupeau t'entourera, joyeux de ta venue.
Tu peux leur dire des polissonneries et leur en faire,
De nul refus n'aura à rougir ton visage.
Là, comme tu le souhaites et veux depuis longtemps,
A ton gré tu φουτρας et seras φουτυ, mon livre.

XXXVIII

A COSME, TOUCHANT LA FIN DU VOLUME
ET SA DÉDICACE

ADIEU, Cosme, espoir et soutien des nouveaux poètes,
Voici qu'Hermaphrodite est arrivé au terme.
Ne pouvant davantage, car maints soucis troublent ses loisirs,
L'auteur te dédie, tel qu'il est, ce volume.

APPENDIX
HERMAPHRODITI

APPENDIX HERMAPHRODITI

I

DE ORTU ATQUE OBITU HERMAPHRODITI

Cum *mea me genitrix gravido gestaret in alvo,*
  Quid pareret fertur consuluisse Deos.
Mas est Phœbus ait, Mars femina, Junoque neutrum,
  Cumque forem natus, Hermaphroditus eram.
Quærenti lethum sic Juno ait, occidet armis,
  Mars cruce, Phœbus aquis. Sors rata quæque
    fuit.
Arbor obumbrat aquas, ascendo, decidit ensis
  Quem tuleram, casu labor et ipse super,
Pes hæsit ramis, caput incidit amne, tulique
  Femina vir neutrum flumina tela crucem.

APPENDICE

A L'HERMAPHRODITE

I

DE LA NAISSANCE ET DE LA MORT D'HERMAPHRODITE (1)

LORSQUE ma mère enceinte me portait en son ventre,
On dit qu'elle demanda aux Dieux de qui elle accoucherait.
Phœbus dit, d'un garçon, Mars d'une fille, Junon d'un neutre :
Lorsque je vins au monde, j'étais Hermaphrodite.
— « Et comment mourra-t-il ? » Junon dit, par le fer ;
Mars, sur le gibet ; Phœbus, dans l'eau : tout se réalisa.
Un arbre faisait de l'ombre sur l'eau ; j'y grimpe ; l'épée
Que je portais m'échappe, par hasard je tombe sur elle,
Mon pied s'accroche aux branches, ma tête glisse dans le fleuve,
Et fille, garçon, neutre, je subis l'eau, le fer, le gibet.

---

(1) C'est la célèbre pièce de Pulex (Enrico Pulci) dont Ménage a parlé (V. ci-dessus, p. XVIII) et qu'on a longtemps attribuée à Panormita. (*Note du Traducteur*).

II

ELÉGIA PANORMITÆ AD JOANNEM LAMOLAM, QUOD
LACRYMIS ELEGIÆ MOTUS FRACTUSQUE EX BO-
NONIA NEQUIVERIT RECEDERE

DESINE *me placida verbis abducere terra,*
  Desine me domina dissociare mea.
Vera mones, fateor, pulchreque adducis Ulixem
  Fortiter æquoreas deseruisse Deas,
Liquerit ac flentem dux ut Trojanus Elisam,
  Multa licet surdo spondeat ipsa proco.
Addis ad hæc etiam, quod non ornatius ipse
  Tullius aut gravius scripserit ipse Plato,
Denique quod possit firmos mutare Epicuros,
  Aut si quid toto firmius orbe fuit.
Me quoque mutaras, nostra de mente puella
  Deciderat, muros linquere mentis erat.
Tum subeunt nostri præsignia Cæsaris acta,
  Quæ modo militia, quæ modo pace gerat,
Quin et Mæcenas obversabatur ocellis,
  Quem Diis persimilem sæcula nostra ferunt.
Tum simul heroicos versus meditabar, et ignes
  Aut elegos animo destituisse fuit.
Sensit Amor mentem nostram, retulitque puellæ.
  Quis divum frustra numen habere potest?
Flens Elegia venit, sic nostra puella vocatur,
  Tum primum nostros vidit amica Lares.

II

ÉLÉGIE DE PANORMITA A GIOVANNI LAMOLA; VAINCU, BRISÉ PAR LES LARMES D'ÉLÉGIA, IL NE VEUT PLUS QUITTER BOLOGNE

CESSE, par tes paroles, de m'arracher à la cité paisible,
Cesse de vouloir me séparer de ma maîtresse.
Tu dis vrai, je l'avoue, et spirituellement ajoutes
Qu'Ulysse avec courage abandonna les déesses marines;
Le chef Troyen aussi quitta Élise en pleurs,
Quoiqu'elle fît tant de promesses à son amant devenu sourd.
A tout cela tu joins des raisons que n'écriraient pas
Avec plus de grâce Tullius, avec plus de gravité Platon,
Des raisons qui ébranleraient les fermes Épicures,
Ou, s'il en est au monde, des gens encore plus fermes.
Tu m'avais ébranlé; de ma mémoire était sortie
La jeune fille; j'étais résolu à quitter ces murs.
Surviennent alors les insignes hauts faits de notre César,
Comme il se comporte à l'armée et durant la paix.
Sous mes yeux vient se placer ce Mécène
Que notre âge a placé au rang même des Dieux.
Alors je médite des vers héroïques, et tout ensemble
Je chasse de ma tête flammes et vers élégiaques.
L'Amour comprit mes intentions et les rapporta à ma mie:
Qui donc aurait vainement la puissance d'un dieu?
Pleurante vient Élégia, ainsi s'appelle la jeune fille,
Et pour la première fois mon amie vit mes Lares.

Gratia magna tibi sit, Lamola, tu facis ad me,
  Tu facis ad thalamos iverit illa meos.
Bella prius fuerat, bellas superabat et omnes,
  Tum facie vel se vincere visa mihi est.
Induit, adjures, vultus Elegia Dearum,
  Sive tuos Juno, sive Diana tuos.
Facta est splendidior, facta est redolentior ædes,
  Arrisit paries adveniente Dea.
Sicut eram monitu flexus, sed certus eundi,
  Adstitit, et nostro tabuit illa sinu.
Non potuit primo, quamvis bis terque iterumque
  Atque iterum fuerit nixa, puella loqui.
Pro verbis lacrymæ, lacrymæ pro voce fuerunt.
  Quale, Dei magni, pondus habent lacrymæ!
Nam me flexerunt, quanquam potuere quadrigas
  Solis et irati sistere tela Jovis.
Mens mihi mutata est. Heroum gesta valete,
  Mæcenasque tua cum probitate vale.
Vos quoque grandisoni longe procul ite cothurni;
  Possidet ingenii jus Elegia mei.
Utque elegi imbelles nobis sine fine placerent,
  Lux mea de tali carmine nomen habet.
Qui potuit primus dominæ contemnere fletus,
  Quisque fuit, vere saxeus ille fuit.
Ferreus Æneas, de tigride natus Ulixes,
  Durus Virgilius, durus Homerus erat.
Scilicet humano mollique ex sanguine cretus
  Non hominum movear luctibus et crucier?

Larges grâces t'en soient rendues, Lamola ; tu es cause,

Tu es cause qu'elle est venue au devant du lit nuptial.

Avant, elle était belle ; elle surpassait toutes les belles,

Mais en ce moment son beau visage se surpassait lui-même.

Élégia, tu l'eusses juré, avait pris le visage d'une Déesse,

Le tien, Junon, ou peut-être le tien, Diane.

Plus splendide, plus embaumé devint mon logis ;

Les murs s'égayèrent de la présence de la Déesse.

Comme j'étais ébranlé par tes avis, décidé à partir,

Elle s'approcha et vint s'affaisser sur ma poitrine.

Elle ne put d'abord, quoique deux ou trois fois

Et plus encore elle s'y efforçât, ouvrir la bouche.

Au lieu de mots vinrent des larmes, au lieu de voix, des larmes ;

Et quel poids ont les larmes, grands Dieux !

Elles me fléchirent : elles eussent pu faire dévier le char

Du soleil, et arrêter les foudres de Jupiter en courroux.

Mon esprit fut changé ; adieu, hauts faits des héros,

Mécène et ta haute probité, adieu !

Et vous aussi, loin de moi, cothurnes retentissants ;

Élégia possède tous les droits sur mon âme.

Et comme par dessus tout me plaisent les vers de l'élégie,

Mon soleil de ce genre de poème tient son nom.

Celui qui, le premier, put mépriser les sanglots de sa maîtresse,

Quel qu'il soit, c'était vraiment un homme de pierre.

Énée était d'airain, Ulysse était fils d'un tigre,

Impitoyable était Virgile, impitoyable Homère.

Et moi, né d'un homme, d'un sang qui n'a rien de cruel,

Je ne serais pas ému, torturé par des larmes humaines ?

Qui tribuit lacrymas homini Deus, inde fatetur
   Ex lacrymis, idem et mollia corda dedit.
Desine me placida verbis abducere terra,
   Desine me domina dissociare mea.
Postquam mens rediit nymphæ, sic pauca locuta est,
   Pauca solet semper, semper honesta loqui :
« *I, si certa tuos persuadet causa recessus,*
   » *Sed me posthabitam mox obiisse puta.*
   » *Si steteris, vivam ; sin ibis, luce relinquar.*
   » *Jura meæ vitæ juraque mortis habes.* »
Vixdum finierat, cum quam mollissimus inquam :
   — « *Crede mihi, non est cur vereare necem.*
   » *Enecer ipse prius, certe prius enecer optem,*
   » *Quam tibi vel minimi causa doloris eam.*
« *Lætus agam tecum, sine te mihi nulla futura est,*
   » *Si qua futura, tamen mœsa futura dies.*
   » *Tu mihi, tu certe jucunda et summa voluptas,*
   » *Tu mihi delicium, tu mihi, dulce decus.*
   » *Tu das ingenio vires, tu suggeris œstrum,*
   » *Et vates vatum religiosa colis.* »
Desine me placida verbis abducere terra,
   Desine me domina dissociare mea.
Jamque oculis nymphæ tristis defecerat humor,
   Præstiterat dictis credula nympha fidem,
Inque meos vultus nitidos erexit ocellos.
   O oculos oculis sidera visa meis !
Dicite, Dii, vestrum cui desunt lumina ; certe
   Furata est oculos nostra Elegia Deis.

Le Dieu qui accorda les larmes à l'homme, par cela même
Lui donna un cœur qu'amollissent les larmes.
Cesse donc de vouloir m'arracher à la cité paisible,
Cesse de vouloir me séparer de ma maîtresse.
Après que le souffle lui fut revenu, elle dit ce peu de mots,
Car toujours elle parle peu et d'honnête façon :
« Va, si un bon motif est cause de ton départ ;
» Mais, si je suis sacrifiée, sache que j'en vais mourir.
» Si tu restes, je vivrai ; si tu pars, la vie m'abandonne ;
» Tu es l'arbitre de ma vie et de ma mort. »
A peine eut-elle achevé qu'attendri je m'écrie :
— « Crois-moi, je n'aurai pas à redouter ta mort,
» Je mourrais le premier, oui, certes, je mourrais plutôt
» Que d'être pour toi la cause du moindre chagrin.
» Je vivrai joyeux avec toi ; sans toi je ne puis vivre un seul jour,
» Ou, si je vis, pas un seul jour qui ne soit triste.
» Tu es pour moi, tu es l'entière et suprême volupté.
» Tu es mon délice, tu es mon doux orgueil,
» Tu donnes des forces à mon esprit, tu me mets en rut,
» Et cultives religieusement les poëtes des poëtes. »
Cesse donc de vouloir m'arracher à la cité paisible,
Cesse de vouloir me séparer de ma maîtresse.
Déjà les tristes pleurs se séchaient sur les yeux de ma mie ;
La crédule nymphe avait ajouté foi à mes paroles.
Elle tournait vers mon visage ses yeux brillants,
Ses yeux qui à mes yeux semblaient être des astres.
Dites, ô Dieux, à qui de vous manquent ses yeux, car pour sûr
Mon Élégie a volé à l'un de vous ses yeux :

Illic insidias, illic sua tela Cupido,
   Luxurians illic retia tendit Amor.
Mox mea candenti circumdat colla lacerto,
   Et sua conjungit mollia labra meis,
Et centum et totidem tremula dedit oscula lingua,
   Lingua suum atque suum dens peragebat opus.
Tum mihi quæ semper sint ora bilinguia sensi,
   Qualia serpentes vulgus habere refert.
Millia si dederit, mihi basia, millia carpam,
   Atque videbuntur millia pauca mihi.
Quicquid olent violæ, spirant opobalsama quicquid,
   Tale quid ex bucca noster olebat amor.
Jam modo non Arabes mercator, nec petat Indos ;
   Hic quod in eoo littore quærit habet.
Linquat apis flores, os suggat et hujus abunde   ·
   Mella, nec Hyblæis deteriora, dabit.
Desine me placida verbis abducere terra,
   Desine me domina dissociare mea.
Non hac una Venus, non unus in urbe Cupido est,
   Sunt centum, non hac unus in urbe deus.
Hac etsi innumeri sint urbe deique deæque,
   Sola mihi facie bella Elegia placet,
Atque adeo grata est, quantum non grata Catullo
   Lesbia, nec Gallo grata Lycoris erat.
Sunt hic præterea veteres fidique sodales,
   Sanctius hic meus est, hic Farafalla meus.
Ergo vale, et nostro scribas quandoque Guarino,
   Quam salvum nostro nomine redde virum.

Là dresse ses embûches Cupidon, là il décoche ses flèches,
Là le luxuriant Amour tend ses filets.
Bientôt, de son bras blanc elle m'entoure le cou,
Et colle ses lèvres moelleuses sur les miennes ;
Sa langue frétillante me donne cent, deux cents baisers,
La langue et les dents s'acharnent à leur besogne.
Alors j'ai senti ce qu'étaient des bouches à deux langues,
Comme le vulgaire croit qu'en ont les serpents.
Si elle me donnait mille baisers, j'en prendrais mille,
Et mille baisers seraient peu de chose pour moi.
Ce qu'exhalent les violettes, ce qu'exhalent les baumes,
Voilà ce que mon amour respirait sur sa bouche.
Que le marchand n'aille pas chez l'Arabe, l'Indien ;
Là il trouvera ce qu'il va chercher aux rives orientales.
Que l'abeille quitte ses fleurs et vienne sucer cette bouche,
Elle y fera du miel non moins doux que celui d'Hybla.
Cesse donc de vouloir m'arracher à la cité paisible,
Cesse de vouloir me séparer de ma maîtresse.
Dans cette ville, il n'est pas qu'une Vénus, un Cupidon,
Ils sont un cent ; il n'est pas qu'un Cupidon en cette ville ;
Mais bien qu'innombrables soient ici Dieux et Déesses,
Seule, par son beau visage, me plaît Élégia.
Elle m'est chère encore plus que ne le fut à Catulle
Lesbie, encore plus qu'à Gallus Lycoris.
En outre, ici sont mes vieux et fidèles compagnons,
Ici est mon Sanzio, ici est mon Farafalla.
Adieu donc, et quelquefois écris à notre Guarino :
Souhaite-lui en mon nom une parfaite santé.

III

HERMAPHRODITI AD GUARINUM VERONENSEM

Q ANTUM *Romulidæ sanctum videre Catonem,*
Quantum Cephœni volitantem Persea cœlo.
Alcidem Thebæ pacantem viribus orbem,
Tantum læta suum vidit Verona Guarinum.

IV

GUARINI AD HERMAPHRODITUM

M USARUM *decus, Antoni, per sæcula, salve !*
Theocriton, antiquum Siculæ telluris alumnum,
Effingis, prisca revocans dulcedine vatem :
Sicilides Latio per te dabit Ætna Camenas.

V

EJUSDEM AUCTORIS AD QUENDAM PUERUM

C UM *nequeat nummos, mittit tibi carmina vates,*
Tu tamen argento carmina pluris habe.

III

D'HERMAPHRODITE A GUARINO, DE VÉRONE

Comme les Romulides se plaisaient à voir l'honnête Caton,
Les Céphènes à voir Persée voler en l'air,
Et Thèbes Alcide pacifier le monde avec ses bras,
Avec autant de joie Vérone voit son Guarino.

IV

DE GUARINO A HERMAPHRODITE

Honneur des Muses, Antonio, à tout jamais, salut !
Tu nous figures l'antique nourrisson de la Sicile,
Théocrite : ton archaïque douceur nous rend le vieux poète.
L'Etna par toi a donné au Latium des Muses Siciliennes.

V

DU MÊME A CERTAIN JEUNE GARÇON

Ne pouvant te donner des écus, le poète t'envoie des vers,
Préfère néanmoins la poésie à l'argent.

Excipiunt quemvis a morte, redempte, Camenæ;
  Carmine vivit Itys, carmine vivit Hylas.
Fortunate puer, quem dilexere poetæ;
  Care puer vati, non moriere, puer.
Et te sanctus amat vates, ut teque perennet.
  Conetur, at tu cur amet ille stude.

VI

ANTONII PARNORMITÆ LAUS ELYSIÆ

Elysia, auricomas inter celeberrima nymphas,
  Quæ forma aut animo laus erit apta tuo?
Colla nives, et labra rosas, et lumina vincunt
  Sidera, culta Helene, nuda Diana dea es.
Quum loqueris, quamvis rara et per pauca loquaris,
  Sola tamen digna es multa loqui atque loqui.
Quid loquar artifices digitos, quid pensa, quid artes,
  Et quibus evitas otia mille modos?
Inter opus tantum dulce, o dulcissima, cantas,
  Et cantu nolens pectora multa capis.
Nam saltu licet ipsa lyræ, licet ipsa choreæ
  Sis decus, ad thiasos rara vocata venis.
At si quando venis, paulum cessura labori,
  Te Charites sociant, te comitatur Amor.

Les Muses arrachent à la mort qui leur plaît ;
Grâce aux vers vit Itys, et grâce aux vers Hylas.
Heureux enfant que chérirent les poètes !
Enfant cher au poète, tu ne mourras pas, cher enfant.
Un chantre sacré t'aime ; à t'immortaliser
Il mettra ses efforts ; mais toi, tâche de l'aimer.

VI

D'ANTONIUS PANORMITA ; ÉLOGE D'ÉLYSIA

ELYSIA, illustre parmi les jeunes filles aux cheveux d'or,
Quel rhythme, quelle louange sera digne de ton mérite ?
Ton col surpasse la neige, tes lèvres les roses ; tes yeux
Les astres ; parée, tu es Hélène, et, nue, la déesse Diane.
Quand tu parles, tu parles peu et rarement,
Et pourtant tu serais seule digne de parler, de parler encore.
Dirai-je tes doigts habiles, tes fuseaux, tes arts divers
Et les mille façons dont tu évites l'oisiveté ?
Parmi ces douces besognes, ô la très douce, tu chantes,
Et, sans le vouloir, en chantant captives bien des cœurs.
Par ta danse, quoique de la lyre, quoique des rondes
Tu sois l'honneur, conviée aux bals, tu y viens rarement ;
Mais si parfois tu y viens, délaissant quelque peu le travail,
Les Grâces te font escorte et l'Amour t'accompagne.

Quacunque incedis, spirant violæque rosæque,
    Incedis noctu, nox fit et illa dies.
Quidquid habent omnes divi divæque decoris,
    Quidquid habent laudis, tu quoque laudis habes.
Hoc etiam felix, quod formosissima pulchro
    Scilicet et casto casta puella places.
Ista puellarum decus es, decus ille virorum,
    Clari ambo, et claris moribus ambo pares.
Ambos ergo Deus longævos servet in annos,
    Sæpius et timidos jungat utrumque Venus.

VII

AD GALGANUM

Quod tibi tam sero mitto, Galgane, libellum,
    Da veniam ; mitti noluit ipse liber.
Sæpe equidem monui : « Dominum pete, candide
     codex. »
    Respondit : « Lapides, non mea scripta legit. »

Où que tu ailles, s'exhale une odeur de violettes et de roses;
Si tu marches de nuit, la nuit devient le jour.
Autant les Dieux et les Déesses reçoivent d'honneurs, ,
Autant ils reçoivent d'hommages, autant tu en reçois.
Heureuse encore en ceci, qu'étant la plus belle, tu plais
Au plus beau, et, chaste fille, à un homme chaste.
Tu es l'honneur des pucelles, et lui l'honneur des hommes;
Illustres tous les deux, et, tous les deux, de mœurs pures.
Que Dieu vous conserve de longues années tous deux,
Et que souvent, amants timides, Vénus vous conjoigne.

VII

A GALGANO

De ce que si tardivement je t'envoie mon livre, Galgano,
Excuse-moi; mon livre lui-même refusait le voyage.
Souvent je lui ai dit: « Va vers mon maître, candide volume. »
Il me répondit: « Ton maître lit des pierres, et non mes écritures. »

VIII

PETRO LUNENSI(1)

RESPONDET, QUOD NOLIT DESCRIBERE BELLA
NOSTRI TEMPORIS, TAMETSI SPLENDIDA ILLA
SINT.

Scilicet *Etrurii sunt inclyta gesta senatus*
Et sunt anguigeri fortia facta Ducis(2),

---

(1) *Petrus Lunensis Hispanus, pontifex Romanus elec-*
tus anno 1394, sumto nomine Benedicti XIII, solus ex
pontificibus schismaticis Constantiensi fulmine non frac-
tus, obiit nonagenarius anno 1423 in Hispania. Unde
discimus, Hermaphroditum scriptum fuisse ab Antonio
ante annum 1423; nugas enim, quas versiculo nono com-
memorat, nihil esse aliud nisi epigrammata Hermaphro-
diti dubitari nequit.

(2) *Anguigerum ducem vocat Philippum Mariam,*
ducem Mediolanensem, qui principatum tenuit ab anno
1412 ad annum 1447. Fuit ejus anagnostes aliquamdiu
Antonius noster, teste Paulo Jovio. Vicecomitum Medio-
lanensium, quorum progenies in Philippo Maria defecit,
insigne erat anguis cœruleus ter inflexus infantem ru-
brum ore tenens.

VIII

A PIERRE DE LUNE (1)

IL LUI RÉPOND QU'IL NE VEUT PAS ÉCRIRE LES GUERRES
DE CE TEMPS, SI SPLENDIDES QU'ELLES SOIENT.

CERTES, les hauts faits de la Seigneurie sont insignes,
Insignes aussi les actions du Duc qui porte la guivre (2),

---

(1) Pierre de Lune, Espagnol, élu pape en 1394 sous le nom
de Benoît XIII, le seul des papes schismatiques qui résista aux
foudres du Concile de Constance, mourut en Espagne l'an 1423.
L'*Hermaphrodite* fut donc composé par Antonio Beccadelli
avant cette date, car il n'est pas possible de douter que les ba-
gatelles dont parle l'auteur, v. 9, ne soient les Épigrammes de
l'*Hermaphrodite*.

(2) L'auteur qualifie de duc qui porte la guivre Philippe-Ma-
rie, duc de Milan, qui exerça le souverain pouvoir de 1412 à
1447. Panormita fut quelque temps son lecteur, au témoignage
de Paul Jove. Les Visconti de Milan, dont la postérité s'éteignit
avec Philippe-Marie, avaient dans leurs armoiries une guivre
d'azur trois fois enroulée tenant dans sa bouche un enfant de
gueules.

Sunt et Aragonei prælustria prælia Regis(1),
 Femina Parthenope(2) *mascula bella gerit,*
Ne morer, Ausonias omnis Mars efferat oras,
 Cogitur atque armis gens peregrina suis.
Magna quidem sunt hæc, et magno digna poeta,
 Dignaque percupida posteritate legi,
Quæque ego prætulerim nugis, quæque ilicet ausim
 Atque suo atque gravi composuisse pede.
Si nescis is sum, qui Virgilios et Homeros
 Malim quam Gallos Callimachosque sequi.
Quamvis hi Veneres, quamvis hi bella reponant,
 Attamen auctori gloria cuique sua est.
In pretio est, pulchre teneros qui flevit amores,
 In pretio pulchre est arma virumque canens.
Sed mihi, nescio cur sicut tu, sicut et alter,
 Maluerim ex bellis inde venere tonos.
Dixeris ergo canas Martem Ducis atque Senatus,
 Sive canas Regem belligeramque nurum.
Verum qualis erit Ducis elargitio vati?
 Qualia, dic sodes, præmia Regis erunt?
Aut nulla, aut certe quam parva, simillima nullis,
 Et quibus haud chartas, quas perarabis, emas.

---

(1) *Alphonsum V intelligit, Aragoniæ et Siciliæ, de-*
inde post etiam Neapolis regem, qui regnavit ab anno
1416 ad annum usque 1458. Antonius fuit ejus ab epi-
stolis, idemque laudator celeberrimus.

(2) *Femina Parthenope est Johanna II, regina Nea-*
politana ab anno 1414 ad annum 1435, quæ mox
versu 20, belligera Alphonsi regis nurus dicitur, quam-
quam id minus accurate, cum regem regina adoptasset.

Les guerres du roi d'Aragon (1) sont mémorables,
Et la Parthénopéenne (2) livre de viriles batailles.
Sans plus m'attarder, Mars remplit d'effroi l'Ausonie,
Et l'étranger est repoussé par ses propres armes.
Ce sont là de grandes choses, dignes d'un grand poète,
Dignes d'être lues de l'avide postérité.
Je les préfèrerais aux bagatelles et sur-le-champ oserais
Les chanter sur le mètre grave, le mètre qui leur est propre.
Si tu ne le sais, je suis un homme qui aimerait mieux
Suivre les Virgile, les Homère, que les Gallus, les Callimaque,
Quoique ceux-ci célèbrent les voluptés, ceux-là les guerres.
Cependant à chaque poète revient sa part de gloire.
En haut prix est tenu qui sut pleurer les tendres amours,
En haut prix qui sut chanter les armes et les héros.
Moi, je ne sais pourquoi, comme toi, comme tel autre,
J'eusse aimé mieux tirer des guerres un chant harmonieux.
« Chante donc la guerre du Duc et de la Seigneurie, »
Diras-tu, « ou bien chante le Roi et sa belliqueuse bru. »
Mais quelles seront les largesses du Duc ou de la Seigneurie?
Quels, dis-le-moi, de grâce, les présents du Roi?
Nuls, ou si minimes qu'en tout semblables à rien :
A peine de quoi acheter le papier pour écrire.

---

(1) Jeanne II, reine de Naples de 1414 à 1435 ; c'est-elle que
l'auteur appelle un peu plus loin, v. 20, la belliqueuse bru d'Al-
phonse, expression impropre, puisque la reine adopta le roi.

(2) Allusion à Alphonse V, roi d'Aragon et de Sicile, puis roi
de Naples et qui règne de 1416 à 1458. Antonio fut son secrétaire
et son panégyriste.

Usque adeo nostra sub tempestate tyranni
　Pro nihilo sacri carmina vatis habent.
Si licet Æneas dux, sit rex alter Achilles,
　Si caret historico vate, peribit uter.
Illi raucescant citharæ, fons areat illi,
　Quicunque ingrati principis arma canit,
Et me destituant Musæ, me pulcer Apollo
　Non amet, indigni si ducis acta feram.
At tu principibus qui jucundissimus extas,
　Petre, fac ingenio par mihi munus eat.
Tunc mea magnanimos largos regesque ducesque
　Evehet ad superos larga Thalia polos.

IX

ELEGIA ANGELINÆ

Q**UID** *quæris, quid te tanto mœrore fatigas,*
　Spes mea, blanditiæ deliciæque meæ?
Quid gemis, et totiens singultus pectora rumpunt?
　Quid lacrymis totiens lumina mœsta madent?
Sume animos, lux nostra, animæ pars altera nostræ,
　Qui vitæ arbitrium, mortis et unus habes.
Sume, age, sume animos, o vita dulcior, o mi
　Dulcis amor, vita carior ipsa mea.
Pone modum lacrymis, tantos compesce dolores,
　Angelina rogat, quod rogat obsequere.
Ferrea non ego sum, neque sum de tigride nata,
　At placidus sanguis nobile corpus alit.

Jusqu'à présent, durant cet âge, les princes,
Tiennent en mépris les vers du poète sacré.
Que le duc soit un Énée et le roi un second Achille,
Faute d'un historien poète, ils périront tous deux.
Que la lyre devienne rauque, que la source se dessèche,
Pour quiconque chante les armes d'un prince ingrat.
Que les Muses me déshéritent, que le bel Apollon
Cesse de me chérir, si je célèbre les hauts faits d'un duc indigne.
Mais toi qui est toujours au mieux avec les princes,
Pierre, fais que la récompense égale mon mérite :
Alors les magnanimes rois et les généreux ducs,
Ma Muse aux larges ailes les élèvera jusqu'aux cieux.

IX

ÉLÉGIE D'ANGÉLINA

Pourquoi pleures-tu? qui t'accable d'un tel chagrin,
Mon espérance, mes blandices et mes délices ?
Pourquoi gémir? pourquoi ces sanglots qui te déchirent le sein?
Pourquoi tes yeux tristes mouillés de tant de pleurs ?
Reprends courage, mon soleil, seconde moitié de mon âme,
Toi qui seul es l'arbitre de ma vie et de ma mort.
Reprends, reprends tes sens, toi que j'aime plus que ma vie,
O mon doux amour, ô toi qui m'es plus cher que l'existence,
Mets fin à tes larmes, apaise ta si grande douleur,
Angelina t'en prie : ce qu'elle te demande, fais-le.
Je ne suis pas d'airain, je ne suis pas née d'un tigre,
Un sang paisible alimente mon noble corps.

Te clari exornant mores, te vivida virtus,
  Te decor atque altæ nobilitatis honos,
Et tibi frons læta est et amica virentibus annis,
  Ingenuusque tuo splendor in ore sedet.
Illa gerit silices et clauso in pectore ferrum,
  Quæ talem imprudens nescit amare virum.
Hoc unum superest, ut me miseratus amantem
  Excipias nostros in tua jura sinus.
Tu me ardere facis, tu me languere furentem,
  Causa meæ vitæ causaque mortis eris.
Tu nostrum sidus, tu gloria nostra perennis,
  Omnia tu nostræ jura salutis habes.
Dii te perpetuent, cuncta et per sæcula lætum
  Reddant, sint vitæ stamina longa tuæ!

X

JOANNES JOVIANUS PONTANUS AD ANTONIUM

PANORMITAM

A NTONI, *decus elegantiarum,*
Atque idem pater omnium leporum,
Unus te rogat ex tuis amicis,
Cras ad se venias, ferasque tecum
Quantumcunque potes facetiarum
Et quicquid fuerit domi jocorum.
Nam risus tibi tantum apparavit,
Quantum Democrito diebus octo

Pour parure, tu as tes mœurs exemplaires, ton active vertu,
Le prestige et l'honneur d'une haute noblesse.
Dans la verdeur de l'âge, tu as le front joyeux et ouvert,
La pureté de ton sang éclate sur tes lèvres.
Elle renferme dans sa poitrine des cailloux et du fer,
La folle qui ne sait pas aimer un tel homme.
Un seul espoir me reste, c'est qu'ayant pitié de moi,
Qui t'aime, tu reçoives ma personne en ton pouvoir.
Tu me fais brûler, tu me fais languir, enragée d'amour,
Tu es la cause de ma vie, tu seras la cause de ma mort.
Toi mon astre, toi mon éternelle gloire,
Tu as un droit suprême sur mon existence.
Que les Dieux te perpétuent, qu'ils te tiennent en joie
A tout jamais, et puisse le fil de tes jours être long!

X

JOANNES JOVIANUS PONTANUS A ANTONIUS
PANORMITA

Antonio, maître des élégances
Et aussi bien père de toutes les grâces,
Un de tes amis te prie
De le venir voir demain, et d'apporter avec toi
Tout ce que tu pourras de libres propos,
Tout ce que tu as au logis de joyeusetés,
Car il a fait pour toi une provision de rires
Qui à Démocrite aurait été en huit jours,

19

Profundi satis et super fuisset,
Quod tecum patulo cupit palato
Perridere suapte risione,
Condita levitate ineptiisque.

XI

EPITAPHIUM ANTONII PANORMITÆ, AUCTORE
JOANNE JOVIANO PONTANO

Siste *hospes ; fas est cantus audire Dearum.*
   Grata mora est, Musæ nam loca sacra tenent,
Antoni monumenta vides hinc templa frequentant.
   Ille fuit sacri maxima cura chori.
Illum sæpe suis medium statuere choreis,
   Duxit compositos, arte decente, choros.
Sæpe lyram cessit Clio, cessere sorores,
   Concinuit teneros voce manuque sonos.
Exstinctum flevitque Aon, flevitque Aganippe,
   Sebethus miseros egit in amne modos.
Sirenes quoque de scopulis miserabile carmen
   Ingeminant, planctu littora pulsa sonant.
Pierides tristem ad tumulum fudere querelas,
   Pierides passis post sua terga comis.
Hinc crevit desiderium, nec cura recessit
   Vatis, at exstincto vate remansit amor ;

Pour sa dépense, assez et plus qu'assez.
Il veut avec toi, à gorge déployée,
Rire de son bon gros rire
Assaisonné de légèreté et de badinages.

XI

ÉPITAPHE D'ANTONIUS PANORMITA, PAR JOANNES JOVIANUS

PONTANUS.

Arrête-toi, passant ; il sied d'écouter le chant des Déesses :
Cette halte te sera douce, car les Muses résident en ces lieux.
Tu vois la tombe d'Antonio, un temple qu'elles fréquentent :
Il était entre tous chéri du docte chœur.
Souvent elles le placèrent au milieu même de leurs danses,
Et il conduisit des chœurs composés avec un art décent.
Souvent Clio lui prêta sa lyre, ses sœurs aussi,
De la voix et de la main il produisit d'harmonieux sons.
Défunt, il fut pleuré d'Aon, pleuré d'Aganippe,
Et le long de son cours le Sébéthus poussa des gémissements.
Parmi les écueils, les Sirènes aussi redoublèrent leurs chants
Funèbres : la rive ébranlée retentit de leurs sanglots.
Les Piérides sur sa tombe épanchèrent leurs tristes plaintes,
Les Piérides, les cheveux flottants sur leurs épaules.
Leur regret n'a fait que croître, jamais ne les quitta
L'estime du poète et, lui mort, leur amour survécut ;

Conveniunt nunc ad tumulum, celebrant que choreas
  Et celebrant lusus, magne poeta, tuos.
En audis, sonet ut lenis concentibus aura?
  Ut sonet appulsu concita terra pedum?
Hæc vati memores Musæ post fata rependunt ;
  Carminis hoc meritum est. Num satis? Hospes, abi.

Réunies près du tombeau, elles dansent en chœur,
Et célèbrent tes jeux, ô grand poète.
Entends-tu comme l'air léger retentit de concerts,
Comme le sol s'émeut, frappé en cadence par les pieds?
Les Muses non oublieuses s'acquittent envers le poète;
Tel est le prix des vers. Est-ce assez? passant, éloigne-toi.

TABLE DES MATIÈRES

L'HERMAPHRODITE

Livre premier

Livre second

APPENDICE

Paris. — Charles UNSINGER, imprimeur, 83, rue du Bac.

ISIDORE LISEUX, Libraire-Éditeur
25, Rue Bonaparte, PARIS

EXTRAIT DU CATALOGUE

La plupart des volumes ci-dessous sont épuisés. L'Éditeur les recherche et les procure, autant que possible, dans un bref délai.

Aretino (P.). — Les Sonnets luxurieux . . . . **70** fr.
Aretino (P.). — Les Ragionamenti, 6 vol. **250**
Aretino (P.). — Le Maréchal, comédie **20**
Baffo. — Poésies complètes, 4 vol. **200**
Blondeau. — Dictionnaire érotique Latin-Français. **50**
Bouchard. — Confessions. **25**
Caro (Annibal). — La Chanson de la Figue. . . . **40**
Chorier. — Les Dialogues de Luisa Sigea, 4 vol. in-18. **60**
Chorier. — Les Dialogues de Luisa Sigea, 4 vol. in-8°. **200**.
Cleland. — Mémoires de Fanny Hill, seule traduction
    complète. **100**
Colonna. — Le Songe de Poliphile, 2 vol. **120**
Contes secrets Russes. **60**
Cornazano. — Proverbes en facéties. **20**
Curiosité (la) littéraire et bibliographique, 4 vol. . **50**
Delicado. — La Lozana Andaluza, 2 vol. **75**
Dulaure. — Des Divinités génératrices. **20**
Duval. — Des Hermaphrodits. **25**
Forberg. — Manuel d'Érotologie classique, 2 vol. . **225**
Kalyana Malla. — Ananga-Ranga, traité Hindou
    de l'amour conjugal **40**
Liber Sadicus. **100**
Massimi (Pacifico). — Hecatelegium. **75**
Masuccio. — Nouvelles choisies. **20**
Nefzaoui (Cheikh). — Le Jardin parfumé, manuel
    d'Érotologie Arabe **120**
Piccolomini. — La Raffaella. **20**
Restif de la Bretonne. — Monsieur Nicolas,
    14 vol., papier de Hollande. **70**
Tagereau. — Discours sur l'impuissance. **20**
Vatsyayana. — Les Kama Sutra, manuel d'Éro-
    tologie Hindoue. **100**

    Seule traduction complète. Il a paru récemment une édition populaire de cet ouvrage, avec des notes ; mais le texte est abrégé des deux tiers.

Vignale. — La Cazzaria, dialogue Priapique. . . . **70**

Envoi franco, recommandé, contre Chèques, Mandats ou Bons de Poste.

    ENGLISH PUBLICATIONS. — Lists and Circulars sent free on demand.

Paris. — Charles Unsinger, imprimeur, 83, rue du Bac.

www.ingramcontent.com/pod-product-compliance
Lightning Source LLC
Chambersburg PA
CBHW072042080426

42733CB00010B/1967